La Trilogia Religiosa

Ingmar Bergman e il silenzio di Dio

Salvatore M. Ruggiero

1

Come in uno specchio

Un capolavoro

(1961)

(Titolo originale: *Sasom I en spegel*

Titolo in inglese: *Through a glass darkly*)

*a quelli che ridono della pazzia degli altri,
ma del tutto sani non sono.*

Una frase

"Sulla lunga punta sabbiosa c'è una casa isolata duramente segnata dalle intemperie. La costruzione è a due piani e di color verde scuro; dove il sole e il tempo hanno corroso la vernice, il legno appare di un verde più chiaro e serico. Il retro della casa dà su un grande giardino incolto a tratti circondato da un'alta palizzata. La casa è abitata. Il bucato svolazza sulle corde tese e le finestre aperte sono protette da tendoni semi-strappati dal vento. Dal mare ondeggiante e cupo della sera si elevano richiami e risate. All'improvviso sulle onde appaiono quattro teste e subito dopo quattro persone si trascinano verso la spiaggia dal basso fondale. Respirano affannosamente come dopo una faticosa nuotata e ridono sfinite, camminano una di fianco all'altra, quattro figure nere che si stagliano contro il tramonto e gli agitati riverberi dell'acqua. Due uomini, un ragazzo e una donna. Si arrampicano sul lungo pontile di regno rovinato dal ghiaccio e si avvolgono in asciugamani e accappatoi. La brezza serale è già piuttosto pungente ma l'acqua è tiepida.[1]"

---

1 L'*incipit* folgorante della sceneggiatura del film in oggetto.

PROLOGO

Il titolo di questo film fu suggerito a Ingmar Bergman dalla lettura degli Atti degli Apostoli e, più precisamente, dalla lettura della Prima Lettera di S. Paolo ai Corinzi (XIII, 12): *"Ora noi vediamo come in uno specchio, in maniera confusa; ma allora vedremo a faccia a faccia. Ora conosco in modo imperfetto, ma allora conoscerò perfettamente, come anch'io sono conosciuto."*

Un tranquillo *week-end* di (umana) paura, potremmo definire questo film.

Non più di ventiquattro ore di una breve vacanza da... incubo dei quattro membri di una benestante famiglia svedese, su un'isoletta ventosa del Mar Baltico, che potrebbe essere Faro. E che in realtà è Faro, perché proprio lì il film fu girato. *"Quando il film si trovava nel primo stadio della progettazione e aveva come titolo* La tappezzeria *nella mia agenda di lavoro scrissi: deve essere una storia di traverso e non in lunghezza. Come Cristo si dovrà fare? Ma anche... se si tratta di un'espressione strana, capisco esattamente quello che intendevo dire: un film che doveva entrare in una dimensione del profondo non sperimentata.[2]"*

Ingmar Bergman paragona i quattro interpreti a un *"... quartetto d'archi"* nel quale *"...uno strumento suona falso tutto il tempo[3]* (n.d.A. David) *e un altro* (n.d.A., Minus)

---

2 Ingmar Bergman, *Immagini*.
3 Il regista si riferisce ai problemi che lui e Gunnar Bjornstrand

5

segue con sicurezza tutte le note ma senza interpretarle.[4]"

Come in uno specchio apre anche la cd. Trilogia di Dio o dell'assenza di Dio o Religiosa. Proseguita, appunto, con *Luci d'inverno[5]* e *Il silenzio[6]*. Per la stessa personale ammissione di Ingmar Bergman che, aveva sempre invitato a vedere e a giudicare i suoi film singolarmente, si tratta di fatto di una trilogia. Ed egli stesso, infatti, accomunò i tre i film nella seguente classificazione: *"Questi tre film trattano di una riduzione. Come in uno* specchio*: certezza conquistata;* Luci d'inverno*: certezza messa a nudo;* Il silenzio *(silenzio di Dio) la copia in negativo. Perciò formano una trilogia.[7]"* Salvo poi auto-smentirsi successivamente: *"Queste cose le scrissi nel 1963. Oggi penso che l'idea della trilogia non abbia né capo né coda. Era una* Schnaps-Idee *come dicono i bavaresi.[8]"*

SINOSSI E SCENEGGIATURA

Due uomini adulti, un giovane e una donna escono dall'acqua dopo aver fatto una nuotata. I protagonisti di questo perfetto esempio di *Kammerspielfilm[9]* sono:

---

incontrarono nella costruzione del personaggio di David.
4 Ingmar Bergman, *Immagini.*
5 *Nattsvardgasterna*, 1961.
6 *Tystnaden*, 1962.
7 Ingmar Bergman, *Immagini.*
8 O.Assayas e Stig Bjorkman, *Conversazione con Ingmar Bergman.*
9 In pratica si ricollega questo singolare esempio, insieme gli altri due

6

- David (un ottimo Gunnar Bjornstrand), padre vedovo di Karin e Minus e suocero di Martin, romanziere egocentrico, sempre in viaggio, appena tornato dalla Svizzera e in procinto di ripartire per tornarci;

- Karin (una stratosferica, Harriet Andersson) sua figlia affetta da psicosi schizofrenica, ereditata dalla madre che ne è morta, con turbe di carattere religioso e sessuale, sposata con Martin;

- Martin (un eccellente Max von Sidow) il marito medico di Karin, quindi genero di David e cognato di Minus, che vive il calvario della malattia della moglie con abnegazione;

- il fratello minore studente Fredrik, detto Minus (uno zoppicante Lars Passgard) troppo legato alla sorella, quasi al limite del rapporto incestuoso e col solito retaggio bergmaniano dell'eterno conflitto col padre troppo distante.

Mentre Martin e David predispongono le reti, Karin e Minus vanno a prendere il latte. Durante la cena i due fratelli rappresentano un dramma che Minus stesso ha scritto. S'intitola: *L'arte dell'apparizione dei fantasmi o la tomba delle illusioni.* Nella trama, ovviamente autobiografica, c'è qualcosa che Minus vuole dire al padre: si parla di un poeta che prova amore solo quando ne

---

successivi, del cinema di Bergman al movimento della cd. *Kammerspielfilm*, sorto nel 1921 come reazione al primo espressionismo per iniziativa dello scenarista Karl Mayer e del regista Lupu-Pick.

scrive. Il padre pare non essere molto contento di questi riferimenti del figlio. Se ne accorge Karin che ne parla a Martin, suo marito.

KARIN: *Hai notato che papà ha preso la commedia di Minus come un oltraggio personale? Era molto offeso, anche se ha cercato di non farlo capire.*

MARTIN: *Credi?*

KARIN: (assente) *E Minus ci è rimasto male, naturalmente.*

Di notte nella casa in pochi dormono: David rivede il suo manoscritto; Karin va in una stanza disabitata da tempo, rivolta ad oriente, quasi una soffitta, dove vive una delle sue allucinazioni.

Dalla sceneggiatura del film. *Nella stanza non ci sono mobili eccetto una vecchia sedia di legno e un tavolino da bambini. Le larghe assi sbianchite che una volta ricoprivano il pavimento sono state in parte asportate ed ora sono appoggiate alla parete. Quello che però colpisce maggiormente è la tappezzeria della stanza. È verde e rappresenta del fogliame in diverse sfumature e gradazioni. La tinta è sbiadita qua e là ed il disegno grigiastro si vede appena, ma negli angoli e dietro ai quadri il verde è ancora intenso e vivace. Sulla parete alla destra delle finestre c'è una porticina ricoperta dalla tappezzeria sopra alla quale una macchia d'umido ha formato una specie di luna ridente con un occhio vuoto, la bocca spalancata e un enorme naso a patata. A sinistra della finestra una striscia di tappezzeria è stata stracciata*

8

lasciando scoperta una rigida composizione brunastra con righe sottili d'oro stinto. Karin si è fermata nel mezzo della stanza in un atteggiamento di impietrito ascolto, quasi qualcuno dovesse parlarle. Non trattiene più la vestaglia e tende immobile la mano, il capo girato e lo sguardo fisso alla parete di destra. Improvvisamente si accendono delle fiammelle sul pesante fogliame della tappezzeria, una violenta folata di vento arriva dal mare e la casa geme come una vecchia nave con alberi e sartie. Il disco del sole rotola fuori dal grigio mareggio e piccole lingue di fiamme arancioni guizzano sul fogliame della tappezzeria. Karin sospira, nella sua gola gorgoglia un suono simile ad un canto o ad un lamento repressi. Il suo volto si gonfia e incupisce, lo sguardo diviene vitreo ed assente. Poi scivola lentamente sulle ginocchia con le gambe divaricate.

Dietro la tappezzeria (da qui il titolo originario che Ingmar Bergman diede alla bozza del soggetto: *La tappezzeria*) è come se sentisse delle voci, quasi immagina che ci sia vita e che, prima o poi, ne uscirà qualcuno che abita là. O Dio.

Sempre dalla sceneggiatura del film, nella scena successiva si legge: (David, n.d.A.) *Scuote la testa e si china sopra il foglio e scrive in stampatello con l'inchiostro rosso: GLI CORSE INCONTRO. Poi sospira e scuote la testa, traccia una grossa riga sopra le parole in stampatello e scrive con decisione: Si incontrarono sulla spiaggia. Si volta. Sulla porta c'è Karin.*

DAVID: *Ciao, piccola Kajsa. Sei già sveglia? Saranno circa le quattro, credo.*

KARIN: *Ciao, papà.*
DAVID: *Volevi qualcosa?*
Karin non risponde, ma entra nella stanza e richiude la porta dietro di sé, si avvicina al padre e si siede sulle sue ginocchia mettendogli le braccia attorno al collo.
KARIN: *Hai delle difficoltà?*
DAVID: *Sto limando il mio romanzo, capisci, e la cosa non è molto divertente.*
KARIN: *Leggimelo.*
DAVID: *Dopo, quando mi avranno mandato le bozze. Perché non dormi?*
KARIN: *Mi hanno svegliata alcuni uccelli che gridavano in modo agghiacciante al sorgere del sole, e poi ho avuto paura ad addormentarmi.*
DAVID: *Ora vedrai.*
Solleva la figlia e l'adagia sul suo letto, la copre con la trapunta, le sistema il cuscino e le fa una breve carezza sulla guancia e sui capelli.

KARIN: *Proprio come quando ero bambina.*
DAVID: *Ora sì che ti addormenti.* (David, n.d.A.) *Ritorna alla scrivania. Karin chiude gli occhi e sbadiglia. Il volto teso si distende e ritrova finalmente la calma. David osserva la figlia, il volto pallido al quale il sole non ha dato alcun colore, gli scuri capelli arruffati, le profonde occhiaie. Poi ritorna alle sue pene: le frasi contorte, le parole detestabili, la banalità delle situazioni, i personaggi sfuocati.*
David e Minus vanno a salpare le reti, Karin in camera del padre, dove ha dormito, legge dal suo diario che la sua

malattia è inguaribile. Poi racconta a Martin del diario e Martin accusa il suocero di essere freddo, cinico.

David e Martin hanno lasciato la barca in un'insenatura riparata e tirato fuori la colazione al sacco. Martin che ha già finito di mangiare è seduto e sta gettando sassolini in acqua. David beve il caffè nel coperchio del thermos. Ambedue tacciono.

DAVID: *Che cosa è successo?*

MARTIN: *Perché?*

DAVID: *Sei taciturno e quasi ostile.*

MARTIN: *Non so se valga la pena di parlarti della cosa.*

DAVID: *Te ne prego.*

MARTIN: *Si tratta di Karin.*

DAVID: *Karin? Sì?*

MARTIN: *Ha frugato nei tuoi cassetti trovando il tuo diario. Naturalmente lo ha letto...*

DAVID: *No!* (Pausa). *Dio mio!*

Solleva la mano al volto in un improvviso gesto di paura.

MARTIN: *Che cosa hai scritto?*

DAVID: *Dio mio!*

MARTIN: *Karin voleva che lo chiedessi a te.*

DAVID: *Ho scritto che la sua malattia è incurabile. Scrissi anche di provare un desiderio tremendo di studiarne il decorso.*

Martin fissa David col volto stravolto dal disgusto. David si è accasciato e con la mano si gratta il ginocchio.

DAVID: *Non posso discolparmi e neppure difendermi.*

MARTIN: *Si tratta come sempre solo di te e delle tue cose.*

David scuote la testa.

MARTIN: *Sei totalmente perverso nella tua freddezza di sentimenti. Studiarne il decorso. È significativo.*

DAVID: (prende fiato) *Tu non capisci.*

MARTIN: *No, proprio no. Ma una cosa la capisco: tu sei a caccia di soggetti. La pazzia di tua figlia. Accidenti, che idea!*

DAVID: (sottovoce) *Le voglio bene, Martin!*

MARTIN: *Tu, amare! Nel tuo vuoto non c'è posto per i sentimenti, ti manca il più comune senso della decenza. Sai come esprimere ogni cosa. Trovi le parole giuste per ogni occasione. C'è solo un fenomeno di cui non sai nulla: la vita stessa.*

David guarda Martin.

MARTIN: *Sei vile e fiacco, ma in una cosa sei quasi grande. Scuse e giustificazioni.*

DAVID: *Cosa vuoi che faccia?*

MARTIN: *Scrivi il tuo libro! Forse ti darà ciò a cui aneli di più: il successo come poeta. Così non avrai sacrificato tua figlia invano. Io posso... io dovrei...*

S'interrompe mordendosi le labbra. David lo osserva. Il volto di David si è come avvizzito, la mano continua a stropicciare il ginocchio con irrequietezza.

DAVID: *No, dimmi quello a cui stavi pensando.*

MARTIN: *C'è un dio che tu corteggi nei tuoi romanzi, ma ti devo dire che la tua fede e il tuo dubbio son ben poco convincenti. La cosa che più colpisce è il tuo orrendo genio inventivo.*

DAVID: *Credi che non lo sappia?*

MARTIN: *Perché continui allora? Perché non cerchi di scrivere qualcosa di decente?*

DAVID: *Che cosa dovrei fare?*

MARTIN: *Hai mai scritto una sola parola sincera nei tuoi romanzi? Rispondimi, se puoi.*

DAVID: *Non lo so.*

MARTIN: *Vedi? Ma la cosa più atroce è che le tue mezze bugie sono così raffinate da sembrare verità.*

DAVID: *Faccio del mio meglio.*

MARTIN: *Può darsi. Ma non riesci mai a raggiungere il tuo scopo.*

DAVID: *Lo so.*

MARTIN: *Sei vuoto e abile ed ora vuoi riempire il tuo vuoto con lo spegnersi di Karin. L'unica cosa che non riesco a capire è come tu possa far entrare Dio in questo contesto. Sarà più imperscrutabile che mai.*

DAVID: *Posso chiederti una cosa, Martin?*

MARTIN: *Prego.*

DAVID: *Riesci sempre a controllare i tuoi pensieri più reconditi?*

MARTIN: *Grazie a Dio non sono così complicato. Il mio mondo è molto semplice. È abbastanza chiaro e umano.*

DAVID: *Malgrado ciò hai desiderato più volte che Karin morisse.*

MARTIN: *No. Assolutamente no. Soltanto a te può venire una simile idea.*

DAVID: *Puoi giurarmi di non averlo mai pensato? D'altronde sarebbe abbastanza logico. Sono sicuri dell'incurabilità del suo male e tu sei convinto che la vostra sofferenza sia senza scopo. In tal caso sarebbe*

meglio morisse.
MARTIN: *Sei grottesco.*
DAVID: *Dipende solo da che punto di vista si considera la cosa.*
David accende la pipa, le sue mani tremano ma per il resto appare assolutamente calmo.
MARTIN: *È inutile parlare.*
DAVID: (con durezza) *Non del tutto.*
MARTIN: *Io l'amo e non posso far nulla. Posso solo starle accanto e vederla trasformarsi in un povero animale torturato. Mi accorgo di non riuscire più a raggiungerla, che si sta allontanando da me. A volte è come se mi odiasse.*
DAVID: *La cosa più importante è avere una buona opinione di sé. Tutto poi si risolve come per un colpo di bacchetta magica. Basta che si compiano le azioni giuste. L'attività stimola la fiducia in se stessi ed impedisce la riflessione.*
MARTIN: *Stai parlando di me?*
DAVID: *Non oserei mai, parlo in linea di principio. E la mia ironia è soprattutto rivolta contro me stesso, te lo posso assicurare.*
MARTIN: *Ma tu hai il tuo conforto nella fede.*
DAVID: *Sì.*
MARTIN: *E nella grazia imperscrutabile.*
DAVID: *Sì.*
MARTIN: *È incomprensibile?*
David solleva il capo e guarda il mare ventoso oltre l'insenatura che odora di resina e di alghe. La sua mano

continua a tremare e la pipa si è spenta.

David, poi, racconta a Martin di un suo tentativo di suicidio. *Ti voglio raccontare una cosa. Quand'ero in Svizzera avevo deciso di suicidarmi. Avevo noleggiato una piccola automobile e scelto uno strapiombo. In tutta calma andai lì, era una strada fuori mano e senza traffico. Era di pomeriggio, la vallata era già avvolta nell'oscurità. Io mi sentivo svuotato, privo di terrore, angoscia o attesa. Diretto verso il precipizio premevo al massimo l'acceleratore, ma il motore s'inceppò, l'auto si arrestò di botto, il cambio aveva frenato, capisci, e sbandando per alcuni metri sulla ghiaia rimase sospesa sul bordo con le ruote anteriori nel vuoto. Mi trascinai fuori e cominciai a tremare per tutto il corpo; fui costretto a sedermi contro il fianco della montagna dall'altra parte della strada. E rimasi seduto per molte ore respirando a stento.*

Intanto lo stato confusionale di Karin, probabilmente causato proprio dalla lettura del diario del padre, provoca un acutizzarsi della sua psicosi: la donna scappa e si rifugia in un relitto arenato poco lontano dalla spiaggia.

(Minus, n.d.A.) *Chiama Karin. Nessuno risponde. Entra in casa. Cerca e chiama, ma Karin è scomparsa. Entra nella stanza con la tappezzeria. La porta dell'armadio. Vuoto e silenzio. Di quando in quando l'uccello stride, angosciante ed imperioso. Minus si precipita giù dalle scale e si ferma smarrito nell'ingresso. La porta della cucina è semiaperta, la tenda ondeggia per l'improvvisa corrente d'aria. Il mare ha cominciato ad agitarsi e a*

15

mormorare. Si precipita fuori di casa, attraversa il giardino e si mette a correre lungo la spiaggia. Infine si ferma ansimante accanto a un relitto in secca[10]. È un vecchio battello con l'albero spezzato e la ruota di prua rotta. Il boccaporto della stiva è spalancato. Legni marci e pezzi di gomena pendono dai parapetti e dalla murata. Il cassero con le sue finestre sconquassate e il tetto crollato si appoggia a un pezzetto d'albero rimasto in piedi. Il relitto giace su un terrapieno erboso che sporge per alcuni metri nell'acqua. In cima al terrapieno hanno posto un segnale. Minus si arrampica sul relitto e si ferma alcuni istanti in ascolto. Poi si avvicina cautamente in punta di piedi al boccaporto e guarda giù nell'oscurità ma non riesce a scorgere nulla. Si cala nella stiva. La carcassa ha delle larghe spaccature sulle pareti e qua e là filtra la luce; l'apertura del boccaporto irradia un bagliore grigiastro. Nella ruota del timone l'acqua fluisce mentre a poppa il pavimento è solido ed intatto. Quando gli occhi di Minus si sono assuefatti all'oscurità, egli riesce a distinguere una figura in fondo al buio e sente sospirare.

MINUS: *Karin!*
Nessuna risposta.
MINUS: *Karin! Sei tu?*
Quando vede che lei gli tende la mano le si avvicina. È raggomitolata nell'angolo come un animale, il volto è sudicio ed ha sollevato la gonna sul ventre. Minus si

---

10 Si tratta proprio del relitto che Ingmar Bergman notò sulla spiaggia durante il sopralluogo narrato nella sua autobiografia *Lanterna magica*.

16

inginocchia accanto a lei e cerca di coglierne lo sguardo.
MINUS: *Sono io, Karin!*
Karin non risponde ma avvicina il suo volto a quello di lui. I suoi occhi sono chiusi e il suo fiato è caldo e febbricitante. All'improvviso si aggrappa a lui ed egli cade sopra di lei, tenta di divincolarsi ma non vi riesce e rotola sempre più addosso a lei. Intravede pelle nuda, percepisce odor di alghe, legno marcio, fondo di mare. Lei lo tiene avvinghiato con le braccia e le gambe, ma il suo volto è girato e la sua bocca serrata. La pioggia comincia a cadere sordamente sul tetto. Pian piano lui riesce a staccarsi e solleva la testa. Le si siede accanto, incapace di muoversi, mentre il pianto gli fa un nodo in gola. La pioggia picchietta sempre più forte e scroscia attraverso il boccaporto. Là dentro al buio è freddo e umido.
MINUS: *Dobbiamo tornare a casa.*
Karin non risponde, si accorge appena di lui. Minus si getta contro di lei, comincia a gridare, la chiama, la scuote. Lei ritorna lentamente in sé, si accuccia con le mani tra le ginocchia, il suo volto è pallido e con un'espressione di immensa angoscia.
KARIN: *Devi aiutarmi, sono ammalata.*

MINUS: *Vieni, dobbiamo tornare a casa.*

KARIN: *Non posso andar via di qua. Devo restare.*
MINUS: *Cosa dobbiamo fare?*
KARIN: *Devi aiutarmi.*
MINUS: *Dimmi in che modo posso aiutarti.*
KARIN: *Devi aiutarmi.*

Minus l'afferra per i polsi per aiutarla ad alzarsi, ma lei oppone resistenza con la forza della disperazione.
KARIN: *No, non devo andar via di qui. Ho tanta sete.*
MINUS: *Vuoi che vada a prenderti dell'acqua?*
Lo sguardo di Karin appare nuovamente pensoso e assente. Minus si alza e in preda a un impulso d'orrore e insieme desiderio di aiutarla si inerpica attraverso il boccaporto e corre verso casa. Karin striscia carponi verso l'acqua a prua, vi affonda il viso e beve a lungo ed avidamente. Poi si ritrae verso il suo angolo, dove si rannicchia infreddolita. Minus si precipita nella sua camera e si butta in ginocchio sul pavimento con le mani giunte, si piega su se. stesso premendo le mani contro le labbra.
MINUS: (sussurrando) *Dio... Dio... aiutaci!*
Il padre e il marito sono costretti dalla preghiera di Karin, a prenotare per lei un urgente ricovero in ospedale, dove sarà trasportata in elicottero. Intanto la donna sparisce di nuovo, va in soffitta dove racconta di aver visto Dio sotto forma di un grosso ragno nero che ha cercato di possederla. *"Io ho visto Dio!"* David e suo figlio Minus restano sull'isola dove finalmente parlano insieme; Martin e Karin sono partiti. Il film si chiude sulla didascalica battuta di Minus: *"Papà mi ha parlato!"*

RECENSIONE

I perni del film, anzi, le pietre angolari, sono sostanzialmente e formalmente due. Da una parte c'è Karin, unico personaggio femminile (sappiamo come nei confronti dei suoi personaggi femminili Bergman appaia sempre quanto meno comprensivo, se non addirittura indulgente), ma anche personaggio monolitico, enigmatico, difficile da comprendere appieno, profondo e fragile, armato solo del suo corpo e della sua lucida psicosi[11]; alla spasmodica ricerca della guarigione e di Dio (che crede di vedere addirittura in un grosso ragno nero che cerca di possederla); alla ricerca di un vero rapporto col padre scrittore, freddo e austero, che la fa caso letterario, sfruttando la sua malattia e facendola oggetto dei suoi lavori; alla ricerca di un rapporto solido e, finalmente, credibile col marito medico, pure dolce ed affettuoso; alla ricerca di un vero rapporto tra sorella e fratello con Minus, che non sia solo famigliare e familiare, o solo sentimentale, ma sia addirittura fisico, quindi ai limiti dell'incestuoso.

"Harriet Andersson interpreta Karin con perfetta musicalità, entrando ed uscendo liberamente e continuamente dalle sue prescritte realtà. La sua interpretazione ha toni puri ed è piena di genialità. Fu lei a rendere il prodotto sopportabile...[12]"

---

11 Guai dire pazzia: gli psichiatri non amano questa parola.
12 Ingmar Bergman, *Immagini.*

19

Dall'altra parte i tre personaggi maschili: come al solito poco trasparenti, poco chiari (o lo sono fin troppo?), in possesso di più ombre che luci, poco leali, in una parola poco positivi e, comunque pieni di difetti.

Ovviamente, ognuno è visto attraverso i suoi problematici rapporti con Karin. Rispettivamente: moglie, figlia, sorella.

A testimonianza ulteriore di una presunta misantropia di Bergman, molte volte invocata da alcuni critici miopi.

I temi trattati da Ingmar Bergman, nel film, sono quelli classici della sua filmografia: la ricerca di Dio; la malattia mentale; l'unità famigliare; il fine dell'arte; il (tentativo di) raggiungimento dell'infinito e della trascendenza; il senso del dolore; la (difficile) gestione dei rapporti interfamigliari e interpersonali.

Ci piace qui riportare, traendole direttamente dalla sceneggiatura, alcune eloquenti frasi pronunciate dai protagonisti nel corso del film.

Il racconto di un sogno della schizofrenica Karin: *"Mi trovo in un ambiente enorme. Tutto è illuminato e tranquillo. Diverse persone vanno avanti e indietro e quando mi rivolgono la parola le capisco. Tutto è splendido e io sono serena. Alcuni volti irradiano attorno una luce quasi abbagliante. Tutti aspettano lui che deve arrivare, ma senza nessuna ansia. E dicono che io devo essere presente quando tutto ciò avverrà... A volte provo un'ansia irrefrenabile, un desiderio violento del momento in cui la porta si aprirà e tutti si volgeranno verso di lui che si fa avanti... Credo che sia Dio, che sia Dio stesso che debba apparirci... Dio scende dalla montagna attraverso il bosco tenebroso mentre intorno le fiere guardano nel silenzio. Dev'essere la realtà. Io non sogno e quello che dico è vero. A volte mi trovo in questo mondo e a volte nell'altro senza che io possa impedirlo."*

Karin che si rivolge al fratello Minus: *"Siamo così indifesi a volte. Come bambini che si sono perduti in luoghi deserti. Le civette gridano e fissano con i loro occhi gialli. Senti un fruscio sommesso e un cauto mormorio attorno a te e un ansimare leggero di umidi musi e poi le zanne dei lupi."*

Un incubo della schizofrenica Karin. Il famoso ragno nero che richiama alla mente la simbologia psicoanalitica cara a Ingmar Bergman[13]: *"Ho avuto paura. La porta si è dischiusa, ma il Dio che è entrato era solo un ragno. Si è avvicinato a me e io l'ho visto in faccia: un viso ripugnante e gelido. Si è lanciato su di me, voleva possedermi ma io mi sono difesa. Vedevo continuamente i suoi occhi così freddi e calmi. Non è riuscito a penetrare in me, così ha strisciato sul mio petto e se ne è andato su per la parete. Ho visto Dio."*

Ed infine il dialogo centrale di tutto il film: tra Minus e suo padre David, nel finale del film:

DAVID: *Vieni con me.*

Tocca la mano di Minus e si avviano lungo la spiaggia. Per tutto il tempo hanno sul volto la forte luce del sole.

---

13 L'immagine di un ragno è presente anche nel Prologo del film *Persona*

Camminano silenziosi uno accanto all'altro. Poi David cinge con un braccio le spalle di Minus. Camminano lungo la riva. Minus è a piedi nudi e l'acqua ogni tanto gli lambisce i piedi.

MINUS: *Papà, non posso vivere in questa nuova realtà.*

DAVID: *Sì, puoi farlo, se hai qualcosa a cui appoggiarti.*

MINUS: *E cosa dovrebbe essere, un dio? Un dio-ragno come quello di Karin? Oppure una potenza invisibile che risiede nelle tenebre? No, è impossibile.*

Silenzio.

MINUS: *No, papà, è impossibile. Dio non esiste nel mio mondo.*

Silenzio. Procedono lungo la spiaggia.

MINUS: (angosciosamente) *Dammi una prova dell'esistenza di Dio.*

Silenzio.

MINUS: *Non sai darmela.*

DAVID: *Sì, posso dartela, Minus, ma devi ascoltare attentamente ciò che dico.*

MINUS: *Ho bisogno di ascoltare, papà.*

DAVID: *È scritto che Dio è amore.*

MINUS: *Per me queste sono solamente parole e assurdità.*

DAVID: *Aspetta. E non interrompermi.*

Sono arrivati su una lingua di terra sabbiosa che quasi inavvertitamente s'immerge nell'acqua. Sembra che siano fermi in mezzo al biancore del mare e con sopra di loro il biancore del cielo, quasi fossero rinchiusi in un globo di

vetro color latte. Infinitamente piccoli in questo silenzioso e velato candore.
DAVID: *Voglio solo darti un'idea della mia speranza.*
MINUS: *E sarebbe l'amore di Dio?*
DAVID: *È la certezza dell'esistenza dell'amore come qualcosa di reale nel mondo degli uomini.*
MINUS: *Ed è naturalmente uno speciale tipo d'amore che viene preso in considerazione.*
DAVID: *Ogni tipo d'amore, Minus! Il più alto e il più basso, il più povero e il più ricco, il più ridicolo e il più bello. Quello ossessivo e quello egoistico. Tutti i tipi d'amore.*
MINUS: (sottovoce) *Il desiderio d'amore.*
DAVID: *Il desiderio ardente e la rinnegazione. Il dubbio e la fede.*
MINUS: *Così l'amore dovrebbe essere la prova?*
DAVID: *Non possiamo sapere se l'amore dimostri l'esistenza di Dio oppure se l'amore è Dio stesso. Ma non è così importante.*
MINUS: *Per te l'amore e Dio sono lo stesso fenomeno.*
DAVID: *Il mio vuoto e la mia sporca disperazione trovano sostegno in questo pensiero.*
(Tace).
MINUS: *Spiegami, papà.*
DAVID: *All'improvviso il vuoto si trasforma in ricchezza e la disperazione in vita. È come ricevere una grazia, Minus. Dalla pena di morte.*
MINUS: *Le tue parole sono terribilmente irreali, papà. Ma vedo che credi a quello che dici. E questo mi fa tremare in tutto il corpo.* (Pausa). *Papà.*

DAVID: *Sì.*

MINUS: *Se è come tu dici, allora Karin dovrebbe essere circondata da Dio, dato che noi l'amiamo.*

DAVID: *Sì.*

MINUS: *Può questo aiutarla?*

DAVID: *Credo di sì.*

MINUS: *Papà.*

DAVID: *Sì.*

MINUS: *Ho i brividi e mi battono i denti e tutto il mio corpo trema. Ti dispiace se corro un po'?*

DAVID: *Fallo pure. Intanto io vado a preparare la cena. Ci vediamo tra un'ora.*

Minus non risponde ma comincia a correre lungo la riva facendo spruzzare l'acqua. A un certo punto si ferma ansimando violentemente. Rimane immobile a guardare il mare.

MINUS: (sussurra) *Papà mi ha parlato!*

Ma perché Minus cerca e con tale insistenza Dio? Per trovare se stesso? Forse! O, anche, semplicemente per dare un senso alla sua giovane vita?

Riecheggia anche in questo personaggio che appare palesemente smarrito, come in molti altri personaggi del cinema di Ingmar Bergman, l'importanza della filosofia esistenzialista di Kierkegaard: *"Ogni essere umano, per poco dotato che sia, per subordinata che sia la sua posizione nella vita, ha un naturale bisogno di darsi una concezione della vita, una rappresentazione del significato della vita e dello scopo di questa.[14] "*

---

14 Soren Kierkegaard, *Enten-Eller.*

I CRITICI ITALIANI SUL FILM

Molto interessante quello che, all'epoca, scrissero sul film alcuni tra i maggiori critici cinematografici italiani.

Sergio Trasatti: *"Si è molto parlato del significato religioso finale delle tre opere* (Come in uno specchio, Il silenzio, Luci d'inverno, n.d.A.) *viste in successione, e qualcuno si è meravigliato dello strano itinerario. Lo avrebbe voluto inverso, dal dubbio alla certezza. Ma l'apparente incongruenza si spiega accettando una lettura più semplice della trilogia. Bergman non vuol dimostrare qualcosa. Vuole soltanto proporre qualcosa alla riflessione, vuole stimolare alla ricerca. E lo fa di volta in volta presentando personaggi - persone a loro volta in stato di ricerca. Non è né credente né ateo. È solo un uomo desideroso, nel suo cammino di artista, di far partecipare il suo prossimo alle sue meditazioni, alla sua avventura nella foresta del silenzio dell'infinito. Si potrebbe dire quel che Rivette disse di Rossellini:* Non dimostra, mostra. *E si potrebbe usare un'altra espressione usata per Rossellini, quella dell'entomologo che depone gli insetti in una scatola e poi ne segue, ne scruta, ne analizza i movimenti senza intervenire (ma mentre il percorso per Rossellini è la storia, per Bergman è la filosofia). Bergman è più vicino al realismo rosselliniano (non dimentichiamo che Rossellini dedicò alla psiche umana importanti film del post-neorealismo) che al mondo poetico di Antonioni, nonostante che analogie con quest'ultimo si potrebbero individuare nell'attenzione al*

25

tema della incomunicabilità. *D'altra parte Antonioni proietta ansie e problemi dei personaggi nell'ambiente circostante, mentre Bergman cerca il più possibile di sfrondare la narrazione interiorizzando la materia.*[15] *"*

Guglielmo Biraghi: *"Il grande regista svedese ha ormai nelle sue immagini un tale grado di concentrazione espressiva che non gli è più necessario, per descrivere fenomeni o sensazioni paranormali, ricorrere ogni tanto al surrealismo o all'espressionismo, come per esempio ne* Il volto *e* Il posto delle fragole.*"*

Gian Luigi Rondi: *"Pur essendo spesso vicino al trattato di Teologia e di filosofia rivela un tale senso vivo del cinema e una tale matura sapienza figurativa da lasciare lo spettatore abbacinato: anche se, spesso, intimidito. Con uno stile che qua e là può sembrare indulgente verso taluni risvolti letterari, con immagini nere e grigie alla Dreyer, riesce con pochi essenzialissimi accenni a creare un clima drammatico teso a volte fino al parossismo, sfiorando argomenti anche scabrosissimi (quali, ad esempio, l'incesto) con perfettissima purezza."*

Giovanni Grazzini: *"Bergman trasporta gli spettatori in un'atmosfera arcana, fatta d'immagine essenziali di estrema espressività, grazie a una scenografia vivida, a una regia che chiede alla luce, ai silenzi, di restituire le presenze soprannaturali e il tormento delle anime, alla recitazione superba di Harriet Andersson di rappresentare la mutevolezza di una donna malata che*

---

15 Sergio Trasatti, *Ingmar Bergman.*

alterna l'orrore alla felicità di non essere costretta a vivere in una sola realtà.[16]"

Aldo Garzia, (più recentemente, ma prima della morte del regista, avvenuta nell'estate del 2007): *"La scelta di Fårö, dove Bergman vive tuttora, non è indifferente per la buona riuscita di* Come in uno specchio. *Il regista utilizza di solito pochi personaggi nei suoi film e li descrive in un luogo circoscritto. È un metodo di lavoro che si rifà a una massima di Sören Kierkegaard, il filosofo danese:* "Per fare attenzione alla verità, occorre appartarsi, isolarsi dal gregge. E questo solo è sufficiente per incutere all'uomo più angoscia e paura della stessa morte. *Fårö è così diventata l'ideale Cinecittà bergmaniana. C'è un'altra curiosità dietro le quinte del film, rivelata ancora una volta da Bergman:* Come in uno specchio è legato in primo luogo alla mia vita matrimoniale con Käbi Laretei. *Il regista racconta che lui e la pianista di origine estone, in quel momento agli esordi della carriera, si erano scritti per un anno prima d'incontrarsi e innamorarsi:* Per me, era un'esperienza eccitante avere una partner epistolare riccamente attrezzata sia dal punto di vista emotivo che da quello intellettuale. *Ma quel modo di amarsi romantico e idealizzato si sarebbe rivelato ben presto un'artificiale messinscena: i due protagonisti erano soprattutto innamorati del reciproco successo.* Come in uno specchio, *spiega Bergman, è il tentativo di andare alla radice dei sentimenti liberandoli da filtri e finzioni, anche se nel film*

---

16 Giovanni Grazzini, *Come in uno specchio*, *Corriere della sera*, 20 giugno 1962.

c'è un formalismo nei dialoghi e nelle situazioni che cela
il desiderio di non buttare a mare un amore costruito con
molta fatica."

CONCLUSIONI

Ingmar Bergman voleva girare il suo film in Scozia, ma i
produttori gli consigliarono Faro, un'isoletta a nord di
Gotland.

Era molto simile al paesaggio che gli serviva e avrebbe
ridotto di molto le spese di produzione.

«Gli amministratori, sull'orlo della disperazione, fecero il
nome di Fårö. Fårö sarebbe stata simile alle Orkney. Ma
meno cara. Più conveniente. Più facilmente raggiungibile.
Per mettere fine a tutte queste discussioni andammo a
Gotland, un tempestoso giorno d'aprile, per vedere Fårö
in tutta fretta e decidere poi definitivamente per le
Orkney. Un taxi sgangherato venne a prenderci a Visby e
ci portò attraverso la pioggia e la neve fino al traghetto.
Dopo una burrascosa attraversata, attraccammo a Fårö.
L'auto avanzò strepitando lungo la costa per strade
tortuose e sdrucciolevoli. Nel film c'è un relitto portato
dal mare sulla spiaggia. Girammo intorno a una roccia ed
ecco il relitto, un cutter *per la pesca ai salmoni, identico a*
come io l'avevo descritto. La vecchia casa doveva essere
circondata da un piccolo giardino con vecchi alberi di
melo. Trovammo il giardino, la casa potevamo costruirla.

Doveva esserci una spiaggia sassosa, trovammo una spiaggia sassosa rivolta verso l'eternità. Infine il taxi ci portò ai raukar, *i faraglioni sulla costa settentrionale dell'isola. Restammo lì in piedi, un po' piegati per far fronte alla tempesta, mentre i nostri occhi lacrimavano a furia di osservare quelle misteriose immagini divine che levavano le loro fronti possenti contro i marosi e l'orizzonte che s'andava scurendo. In realtà, non so quel che accadde. Se si vuole essere solenni, si può dire che avevo trovato il mio paesaggio, la mia vera casa. Se si vuole essere allegri, si può parlare d'amore a prima vista.[17]"*

Ritmato dalla *Suite n. 2 in re minore per violoncello* (E.B. Bengtsson) di J.S. Bach, è un quartetto di figure che inaugura il cinema da camera di Ingmar Bergman.

Uno dei film più angosciosi e sconvolgenti sulla follia. Forse il migliore mai girato.

Ancora una volta Ingmar Bergman fu accusato di non dare risposte ma di saperle solo porre in calligrafia. E, ancora una volta ci soccorre Kierkegaard con la sua filosofia e il suo pensiero: *"...dove spesso le conclusioni mancano; perché spetta al lettore concludere. Ossia esistere."* Come dice nel suo *Enten-Eller*[18].

E, ancora una volta co-artefice del capolavoro bergmaniano Sven Nyquist (lo *scultore di luce*, come, con una poetica immagine, lo definì perfettamente il critico

---

17 Ingmar Bergman, *Lanterna magica.*
18 Titolo in danese di *Aut-Aut*, opera del 1843.

Jacques Mandelbaum[19]) e la sua meravigliosa fotografia in bianco&nero, ma che sembra a ...colori.

Oscar 1962 per il miglior film straniero.

Il secondo in due anni consecutivi, dopo quello avuto nel 1961 per *La fontana della vergine*[20].

"È un inventario prima della svendita. ... la mia intenzione era di descrivere un caso di isterismo religioso.[21]*"*

Lo stesso Ingmar Bergman, successivamente, spiega ancora meglio qual'è la *ratio* del suo film: "Come in uno specchio *fu un tentativo disperato di illustrare una semplice filosofia: Dio è l'amore e l'amore è Dio. Una persona circondata dall'amore è anche circondata da Dio.*[22]*"*

19 Jacques Mandelbaum, *Ingmar Bergman, I maestri del cinema.*
20 *Jungfrukallan,* 1960.
21 Ingmar Bergman, *Immagini.*
22 Ingmar Bergman, *Lanterna magica.*

NOTIZIE SUL FILM

Titolo originale: Såsom i en spegel
Paese di produzione: Svezia
Anno: 1961
Durata: 89 min
Colore: B/N
Audio: sonoro
Genere: drammatico
Regia: Ingmar Bergman
Soggetto: Ingmar Bergman
Sceneggiatura: Ingmar Bergman
Fotografia: Sven Nykvist
Montaggio: Ulla Ryghe
Musiche: Johann Sebastian Bach
Erik Nordgren

PERSONAGGI E INTERPRETI

Harriet Andersson: Karin

Max von Sydow: Martin

Gunnar Björnstrand: David

Lars Passgård: Minus

LUCI D'INVERNO

Un capolavoro di Ingmar Bergman

(1962-'63)

(Titolo originale: *Nattsvardgasterna*

Titolo in inglese: *Winter Light*)

a chi cerca l'amore, la fede e Dio,
...e li trova.

Una frase:

"Ogni volta che confrontavo dio con la realtà che vedevo intorno, lo vedevo brutto, abominevole, un dio-ragno[23]*... un mostro. Per questa ragione lo proteggevo dalla vita e dalla luce. Lo comprimevo vicino a me nel buio e nella solitudine. L'unica persona a cui fu permesso di vedere il mio dio è stata mia moglie. Lei mi appoggiava, mi incoraggiava, mi aiutava, tamponava le falle. I nostri sogni.* [24]*"*

---

23 L'immagine del Dio-ragno è presente anche nel film precedente: *Come in uno specchio.*
24 Dalla sceneggiatura del film: il pastore Tomas.

PROLOGO

"Dà soddisfazione rivedere Luci d'Inverno *dopo un quarto di secolo. Constato che nulla si è corrotto o si è rotto.*[25]*"*

L'idea di base di *Luci d'inverno* venne a Ingmar Bergman dopo aver visto il film di Robert Bresson *Il diario di un curato di campagna*[26]. In quel film si narra la storia di un giovane parroco che impronta la sua azione di fede e di proselitismo al dettame strettamente evangelico. Questa ragione lo pone in una situazione di conflitto con i suoi parrocchiani. Intanto frequenta un castello il cui padrone, un conte, inganna la moglie con una sua cameriera più giovane, con grande pena del figlio. Il prete si attira l'ostilità di entrambi e di buona parte dei fedeli. Malato di cancro, va a morire in casa di un prete spretato.

Ma l'idea primigenia di *Luci d'inverno*, il Maestro la ebbe diversi anni prima, quando immaginò che un uomo entrasse d'inverno, in una chiesa isolata e deserta, si sedesse nei pressi dell'altare e rivolto al Cristo dicesse: *"Resterò qua fino a quando non mi parlerai".*

Il film fu interamente realizzato a Falun, cittadina della Svezia centrale, dove fu organizzata anche la prima mondiale, dopo la quale si devolse il ricavato in favore dei lavori di restauro della stessa chiesa.

Ingmar Bergman si trasferì a Toro, per scrivere la

---

25 Ingmar Bergman, *Immagini.*
26 *Journal d'un curé de campagne* è un film del 1951, tratto dall'omonimo romanzo di Georges Bernanos.

sceneggiatura del film all'inizio di luglio del 1961 e finì il 28 luglio. *"Avevo fatto alla svelta se si considera che la storia è ingegnosa non per la sua complicazione ma per la sua semplicità.[27]"*

E qualche capoverso dopo aggiunge: *"Tuttavia sotto la sua semplicità c'è una complessità non del tutto facile da cogliere.[28]"*

Sempre Ingmar Bergman affermò: *"Mi sono sempre sforzato di essere attraente per il mio pubblico. Tuttavia non ero così stupido da non capire che* Luci d'inverno *non avrebbe avuto alcun successo di pubblico.[29]"*

Ingmar Bergman dimostrò, almeno in questo caso, di essere un cattivo profeta, perché il film ebbe un grande successo di pubblico e di critica. Sebbene non ottenne la messe di premi internazionali ai quali i film precedenti avevano abituato il regista da qualche anno. Si segnala, però, un Labaro de Oro al Seminci di Valladolid del '66.

SINOSSI E SCENEGGIATURA

Luci d'inverno dispone di soli quattro personaggi centrali: il prete Tomas Ericsson, la maestra Marta Lundberg, il pescatore Jonas Persson, sua moglie Karin Persson.

---

27 Ingmar Bergman, *Immagini*.
28 Ibidem.
29 Ibidem.

36

Per fortuna, il pastore Tomas officia il suo rito davanti a una platea un po' più folta. *"L'assemblea si siede rumoreggiando sulle panche di legno: il possidente Johan Akerblom, di trentatré anni; l'insegnante della scuola elementare di Mittsunda; Marta Lundberg, di trentatré anni; la vedova Magdalena Lidfors, di sessantanove anni (è venuta dal villaggio di Hol, camminando per quattro lunghi chilometri); il pescatore e falegname Jonas Persson di Öcklarö insieme alla moglie Karin, entrambi di trentacinque anni; il sagrestano Knut Aronsson, di sessantanove anni; l'ex impiegato delle ferrovie Algot Frovik, di trentanove anni, la fornaia Hanna Apelblad di trentasette anni, insieme alla figlia Doris di cinque.[30]"*

Il pescatore Jonas ha appreso dai giornali che i cinesi hanno una bomba atomica[31] ed è convinto che si sia accumulata una quantità spregevole di odio tra loro e il resto del mondo. L'uomo non può liberarsi di questo pensiero assillante. Si è come pietrificato nel guscio chiuso della sua paura. Sua moglie lo convince a vedere e parlare col prete, dopo la celebrazione della messa, e a chiedergli aiuto e consiglio.

TOMAS: *Desidera parlarmi?*

SIGNORA PERSSON: *Sì. In verità, no. È Jonas più che altro che deve parlarle, anche se non dice niente. Così ho pensato di... Questa mattina ho creduto bene di venire insieme a lui in chiesa per parlare con qualcuno.*

---

30 Dalla sceneggiatura originale del film.
31 In questa previsione, che all'epoca era di fantapolitica, Ingmar Bergman dimostrò un ottimo spirito profetico.

JONAS: *Siamo turbati.*
SIGNORA PERSSON: *Turbati.* (Fa cenno con la testa) *Cioè Jonas. Non tanto io, ma Jonas è turbato.*
Lei si gira verso il marito, lui le risparmia la sua paura e guarda verso il tavolo.
SIGNORA PERSSON: *Reverendo, non può parlare lei con Jonas?*
TOMAS: *Sì, naturalmente.*
Tomas guarda il viso dell'uomo.
TOMAS: (pacatamente) *Dura da tempo questa storia?*
Jonas Persson si strofina la guancia con le dita.
SIGNORA PERSSON: *È iniziato in primavera. Jonas aveva letto su un giornale dei cinesi.*
Lei guarda incerta il marito, che siede sempre assorto e non fa caso né alla moglie né al pastore. Tomas accenna col capo un gesto di comprensione ed incoraggiamento.
SIGNORA PERSSON: *Sul giornale c'era scritto che i cinesi vengono educati all'odio.*
Tomas fa ancora un cenno di incoraggiamento con il capo.
SIGNORA PERSSON: *Non hanno niente da mangiare o molto poco. Diventano soldati e si esercitano alla guerra.*
Jonas Persson termina di strofinarsi la guancia con l'indice e mette le mani sul tavolo.
SIGNORA PERSSON: *C'era scritto in quell'articolo che... prima o poi, i cinesi avranno la bomba atomica. Non hanno niente da perdere. Così c'era scritto. (Pausa). Io non mi impressiono eccessivamente, dipende certo dal fatto che non ho tanta fantasia. Ma Jonas ci pensa sempre e non facciamo che parlarne e riparlarne. Sebbene io non possa farci molto. Abbiamo tre bambini ed un altro*

arriverà presto.
Ora tace e attende una risposta di conforto e di aiuto dal pastore. Gli affida la vita del marito ed attende la parola che possa sbrogliare e risolvere questa minaccia cinese.

TOMAS: *Tutti abbiamo lo stesso timore... più o meno.*

Tomas guarda sconfortato la fronte corrugata e le sopracciglia aggrottate di Jonas Persson.

TOMAS: *Dobbiamo aver fiducia in Dio.*

Jonas Persson alza lentamente il capo e guarda Tomas, che viene colpito dall'angoscia come da un fulmine. Il pastore solleva la tazza e sorseggia rumorosamente il resto del caffè che si è intanto raffreddato. Il pescatore non tenta di volgere lo sguardo altrove, non ha riguardo, non ha più pietà. La moglie solleva le braccia, si toglie il cappello e si liscia la spessa capigliatura con il palmo delle mani.

TOMAS: *Viviamo la nostra semplice esistenza di ogni giorno ed improvvisamente ci colpiscono notizie terribili che fanno vacillare la nostra sicurezza. È insopportabile. Ci sfugge il rapporto che le cose hanno fra loro e Dio diventa tanto lontano.*

Jonas Persson scuote la testa sorridendo, sembra che provi compassione.

SIGNORA PERSSON: (incerta) *Già!*

TOMAS: *Mi sento così impotente, non so che dire per aiutarvi. Capisco la vostra angoscia, mio Dio come la capisco! Ma noi dobbiamo continuare a vivere.*

JONAS: *Perché dobbiamo continuare a vivere?*

TOMAS: *Perché vivere è nostro dovere e perché abbiamo delle responsabilità.*

JONAS: *Reverendo, lei è ammalato, ed è inutile che stia*

qui a discutere di queste cose, tanto non arriviamo a capo di niente.

TOMAS: (angosciato) *Ma sì, parliamone. Diciamoci tutto quello che ci passa per la mente.*

Il pescatore guarda meravigliato il pastore ma scuote lentamente il capo; gli ritorna quel sorriso che sembra di compassione.

JONAS: *È impossibile.*

TOMAS: *Impossibile?*

JONAS: *Karin ed io dobbiamo andare a casa dai bambini. Sono soli e non si sa mai quello che possono combinare.*

SIGNORA PERSSON: *Conducimi a casa e ritorna poi dal reverendo. È molto meglio che parliate da soli.*

TOMAS: *Quando può essere di ritorno?*

SIGNORA PERSSON: *Bastano dieci minuti per arrivare a casa.*

TOMAS: *Allora sarà qui tra venti minuti. Promesso!*

Jonas si alza in silenzio. La moglie afferra la sua mano come per costringerlo ad una promessa.

SIGNORA PERSSON: *Prometti al reverendo di ritornare.*

JONAS: (imbarazzato) *Lo prometto.*

Si congedano in modo goffo e frettoloso. Tomas socchiude la porta e la tiene aperta.

TOMAS: *Avete la macchina nel parcheggio?*

SIGNORA PERSSON: *È proprio là all'angolo.*

TOMAS: *Allora l'aspetto, signor Persson, fra una mezz'ora al più tardi.*

SIGNORA PERSSON: *Ci penserò io a farlo ritornare.*

TOMAS: *Il portone è aperto. Potete passare attraverso la*

chiesa. Io aspetto. Aspetto qua dentro.
Jonas Persson fa un cenno con il capo e si piega sotto la raffica di vento che entra attraverso la porta aperta, la moglie lo segue. Tomas chiude a chiave la porta. Dopo alcuni istanti li scorge nella macchina. Fanno marcia indietro e infilano la curva con prudenza, poi procedono verso la strada nazionale. La tempesta si fa più intensa, l'orologio segna le dodici e trenta. Tomas entra nella chiesa, si arresta distratto davanti all'altare: Cristo sulla croce, fra le ginocchia di Dio. Dio stesso con i capelli neri, barba castana e le sopracciglia arcuate dallo stupore. La colomba sopra il suo capo si libra in volo.

Il sacerdote Tomas è anch'egli un uomo molto turbato ed infelice. Piange la moglie morta ed è incapace di provare tenerezza per la sua amica maestra, che lo adora, lo vorrebbe, e lo segue come un'ombra. Una causa sta anche nell'eczema nevrotico della donna che gli ispira un vero senso di repulsione fisica. Ma quella determinante la riferisce lui stesso alla donna a muso duro: *"Il motivo, quello decisivo, è che io non ti voglio."*

Il pastore, poi, è inadeguato a dare consolazione al pescatore, anzi cade anch'egli in una profonda crisi, un grande isolamento dagli altri, dal mondo, da se stesso: nel più completo e perfetto silenzio di Dio. Nella più completa assenza di Dio. La gente intorno a lui, soprattutto la maestra, lo spinge ancora di più in profondità nella crisi. Il pescatore si suicida. E' quindi dovere del sacerdote dirlo alla moglie, prima di andare via per fornire il servizio di rito nella chiesa della parrocchia adiacente. La porta della

41

camera degli stemmi araldici si apre e la vecchia donna di Hol è là, confusa e tremante.[32]

DONNA: *Ho visto che la sua macchina era ancora qui e così sono venuta. I ragazzi di Fredriksson l'hanno trovato.*
TOMAS: (con forza) *Sì.*
DONNA: *Proprio quaggiù.*
Indica con il dito inguantato, guardando Tomas con angoscia.
TOMAS: *Lo hanno trovato? È morto?*
DONNA: *Jonas Persson.* (Fa un cenno con la testa) *Si è sparato un colpo di fucile alla testa. Il commissario di polizia è già sul posto per il sopralluogo. I ragazzi lo hanno subito chiamato. Li ho incontrati mentre venivo qui. Erano terrorizzati.*
Tomas senza rispondere entra nella sacrestia; avvolge la sciarpa attorno al collo, si toglie le scarpe e calza degli stivali di feltro. Poi chiude la cartella e si infila i guanti di pelle. Marta è sulla porta della sacrestia. Tomas passa davanti a lei e alla vecchia donna, poi attraversa il portone e raggiunge la sua automobile. Il sole proietta una lunga ombra sulla neve.
TOMAS: *Vuoi venire con me a Frostnäs?* (Pausa). *Cercherò di essere gentile.*
La maestra Marta lo accompagna a celebrare il rito e, con sua grande sorpresa, trova la chiesa vuota. Nonostante questo il prete vuole ugualmente celebrare il rito religioso. Quando il crepuscolo invernale cade, va verso l'altare di fronte a una *congregazione* composta da una sola persona:

---

32 Dalla sceneggiatura originale del film.

la sua amica e spasimante maestra, che peraltro lo accompagnava. Può darsi che quest'ultimo solitario servizio religioso gli restituirà la sua fede perduta e abbastanza fiducia e forza per mostrare tenerezza nei confronti dei suoi simili, ma soprattutto nei confronti di se stesso e della sua anima.

Morta la moglie *"...morta insieme alla dolce menzogna e Dio Padre impallidisce.[33] "*

Thomas Ericsson, il pastore protestante (interpretato da un ottimo Gunnar Bjornstrand) di uno sperduto e glaciale villaggio della Dalecalia, all'estremo Nord della Svezia, *"si dissangua sentimentalmente"*. Ha completamente perso la fede in Dio. Respinge l'offerta d'amore di una donna atea, la maestra Marta Lundberg (interpretata da una più che credibile Ingrid Thulin): *"Sono stanco delle tue attenzioni, delle tue puerilità, dei tuoi buoni consigli, dei tuoi piccoli candelabri e delle tue tovaglie. Mi sono stufato della tua miopia e delle tue mani maldestre. La tua ansia e le tue smaniose prove di tenerezza, poi! Mi costringi ad occuparmi del tuo stato fisico: il tuo stomaco ammalato, i tuoi eczemi, i tuoi giorni, le tue guance arrossate dal gelo. Devo finalmente uscire da questo labirinto di situazioni idiote. Sono stanco di tutto, di tutto ciò che ha a che fare con te."* ; e non sa nemmeno consolare un parrocchiano nevrotico che si ucciderà (Max von Sidow in un ruolo di non-protagonista[34]). *"Tutte le*

---

33 Ingmar Bergman, *Immagini.*
34 Uno dei più grandi attori bergmaniani aveva già avuto un ruolo minore ne *Il posto delle fragole.*

43

volte che ho messo Dio a confronto con la realtà, l'ho visto diventare feroce, distante e crudele: un mostro, quasi." Né, tanto meno, sa consolare la sua vedova che spetta a lui di avvertire della grave perdita.

TOMAS: *Suo marito è morto, signora Persson. Lo hanno portato al pronto soccorso, ma non c'è niente da fare. Si è sparato.*

La mano lascia la maniglia ed ella si siede sulla scala, si tira la gonna sulle ginocchia e sulle gambe gonfie. Le mani stringono con forza l'orlo della gonna.

SIGNORA PERSSON: *Allora, sono sola, ora?*
Tomas si siede su di una sedia senza spalliera, congiunge le mani sulle ginocchia per vecchia abitudine. Restano in silenzio.

TOMAS: *Leggiamo qualcosa insieme?*
SIGNORA PERSSON: *No, no, grazie.*
Tomas fa cenno con la testa.
SIGNORA PERSSON: *Devo dirlo ai bambini.*
Si appoggia alla ringhiera e si alza. Tende la mano a Tomas.

TOMAS: *Se lei, signora Persson, desidera qualcosa, io sono a casa tutta la sera. Intendo dire se...*
SIGNORA PERSSON: *Sì, grazie. Ci sentiamo durante la settimana. Naturalmente dobbiamo metterci d'accordo per il funerale.*
Tomas lascia la mano di lei e rimane là, confuso ed incerto.

TOMAS: *Gli ho parlato, ma ero così impotente.*
Lei guarda fissamente il prete come se i suoi pensieri

fossero già lontani, poi fa un cenno come se si ricordasse della sua presenza.

SIGNORA PERSSON: *Lei ha fatto tutto quello che poteva fare.*

Tomas tende di nuovo la mano, ma lei non la vede. La donna va in cucina e chiude la porta. Quando Tomas esce dal terrazzino dell'ingresso guarda in cucina. La signora Persson è china sul tavolo e parla con i bambini, si rivolge per lo più al maschio. I più grandi ascoltano attenti, mentre il più piccolo ha afferrato un cucchiaio, se l'è ficcato profondamente in bocca e lo morde con fervore. Tomas scende le scale umide. Il cane di Jonas appare nella penombra. È un vecchio cane lappone. Prima ringhia minaccioso, poi si avvicina a Tomas e lo annusa sospettoso, infine scompare dietro l'angolo della casa. Ora la strada fiancheggia il mare. Il chiarore si fa più vivido e dalla parte meridionale dell'orizzonte si stende in obliquo una striscia di nube dorata, con delle sfumature azzurrine ai lati. Un faro lampeggia da qualche parte al di là delle isole e le pietre della riva sono già coperte di ghiaccio; l'acqua è di uno stinto colore nerastro che diviene bianco per la risacca.

Il film termina con le parole di Marta *"Se riuscissimo ad essere sicuri... se riuscissimo a credere in una verità... se riuscissimo a credere..."* e con l'immagine del pastore Thomas che, iniziando la funzione, recita: *"SANTO, SANTO, SANTO..."*

RECENSIONE

Un altro rigoroso, impietoso, chirurgico, entomologico dramma da camera *(Kammerspielfilm[35])* del Maestro. Costretto in una scenografia scheletrica, essenziale, che spazia (si fa per dire) tra una chiesa fredda e desolata e le poche case di un villaggio dimenticato da Dio e dagli uomini. Quasi totalmente privo di quei momenti che il Maestro definisce *"...in fortissimo"*, tranne uno: la scena del passaggio a livello: ...*"quando Thomas e Marta sono bloccati al passaggio a livello e lui le rivela che è stato suo padre a volere che lui si facesse prete. Allora giunge il treno-merci con quei vagoni simili ad enormi bare. E' l'unico momento di forte impatto visivo e violento effetto acustico. Per il resto il film è realizzato con grande semplicità.[36]"*

Complessità, naturalmente, derivata dai temi trattati: tutti quelli più cari al regista svedese: la ricerca dell'unità trascendente; la perdita della fede religiosa e della speranza; le difficoltà nei rapporti interpersonali; le problematiche legate ai rapporti sentimentali e di coppia; l'assenza o il silenzio di Dio; la ricerca difficoltosa di un delicato equilibrio psicologico; et alia.

Dopo un buonissimo *Come in uno specchio[37]*, Ingmar Bergman gira il secondo capitolo della cd. *Trilogia*

---

35 Cinema da camera.
36 Ingmar Bergman, *Immagini.*
37 *Sasom i en spegel*, 1960.

Religiosa[38] (dedicata al tema ontologico-religioso del silenzio o dell'assenza di Dio) suscitando buone impressioni nella critica, che lo ritenne, quasi unanimemente, il migliore dei tre.

La certezza della esistenza di Dio, evidenziata, per analogia, dalla presenza dell'amore, che, da Ingmar Bergman, sembrava essere stata acquisita definitivamente, nel finale di *Come in uno specchio* (che - ricordo - si chiude con la famosa e piena di speranza, seppur didascalica, frase di Anders, il figlio problematico: *"Papà ha parlato con me"*), ora è (ri)messa in dubbio dal protagonista del film (il Pastore Thomas, interpretato dallo stratosferico Gunnar Bjornstrand) che, dopo la perdita della moglie, ha perso completamente la fede, è attanagliato dai dubbi, non riesce più a trovare un significato alla propria esistenza. Fondamentalmente si può dire che il pastore Tomas abbia tre "soli" problemi, peraltro grandi, e uno la conseguenza degli altri:

- la morte della moglie. Che ha creato in lui un vuoto incolmabile. Un vuoto che non può pensare di colmare l'insegnante Marta malata di eczema, che è sempre stata innamorata di lui, anche quando la moglie era ancora in vita. Lei quel vuoto, anzi, rischia di allargarlo, essendo numerose le differenze *in peius* che Tomas mostra di aver notato

---

38 *Come in uno specchio*: certezza conquistata; *Luci d'inverno*: certezza rivelata; *Il silenzio*: il silenzio di Dio... l'impronta negativa. Salvo poi smentirsi: *"Scrissi queste cose nel '63. Oggi penso che l'idea della trilogia... era una Schnaps-idee, come dicono i bavaresi."*

47

tra lei e la moglie defunta.

- La morte di Dio. Procurata dalla malattia mortale, prima e dalla morte fisica, poi, dell'amatissima ed insostituibile moglie.

- L'inadeguatezza al ruolo. Non tanto al ruolo di pastore (perché, dopotutto, egli è capace di capire che ... *Dio è amore, amore è Dio*) ma al ruolo di compagno di vita (è evidente che egli ha esaurito il suo amore, ha esaurito l'amore, l'unico amore capace di provare era quello nei confronti della moglie).

Bello e intenso tutto, ma la parte migliore del film, quella più riuscita, più densa di significato, è sicuramente il finale.

Il Maestro lascia in sospeso lo spettatore nell'ambigua e difficile scelta: il pastore (ri)troverà Dio, accettando il suo silenzio come naturale, ed insieme eloquente, testimonianza della sua esistenza o continuerà a macerarsi nel suo dolore e nella sua perdita di fede, conducendo una esistenza ormai priva di ogni senso e di ogni significato?

Né, pare, si possa far ricorso, in questo caso, all'aiuto della filosofia, specie quella di Schopenhauer quando afferma che: *"...il mondo può essere considerato per quello che esso è in se stesso, non più come rappresentazione bensì come volontà. La scoperta della realtà in se, al di là delle apparenze fenomeniche, è resa possibile dall'autocoscienza mediante la quale l'uomo ha esperienza di sé dal di dentro e si rende conto che la*

48

propria essenza sta nella volontà di vivere.[39]"

Il pastore Thomas: *"Se veramente Dio non esistesse, nulla avrebbe più importanza. La vita avrebbe una spiegazione, sarebbe un sollievo; la morte solo una frattura, la fine del corpo e dell'anima; la crudeltà della gente, la sua solitudine, i suoi timori, tutto sarebbe chiaro come la luce del giorno: le sofferenze non dovrebbero più essere spiegate".*

Grandissimo film. Capolavoro assoluto. Nel quale, semplicemente e quasi miracolosamente, (ma gli artefici del miracolo sono solo loro due: Ingmar Bergman e Sven Nyquist, il direttore della fotografia), non ci sono immagini prese alla luce del sole. Ingmar Bergman e Sven Nyqvist passarono quasi ventiquattr'ore filate nella chiesa vuota per studiare la luce e i suoi movimenti durante tutto il corso della giornata, col fine di individuare perfettamente le condizioni di ripresa migliori. Così come il sole non riesce a a rompere il fitto strato di nuvole plumbee presenti nel livido cielo svedese, la presenza di Dio e la sua parola non riescono a scalfire né a penetrare l'animo del pastore Tomas, induritosi dopo la drammatica morte della moglie e la conseguente, completa perdita della fede.

Ingmar Bergman, come si è detto ripetutamente in altre sedi, pone delle domande, a se stesso e allo spettatore, ma, anche in questo caso, non da risposte, né le suggerisce.

Molto spesso, e questo è uno di quei casi, lascia che sia lo

---

39 Arthur Schopenhauer, *Il mondo come volontà e rappresentazione.*

spettatore a concludere il film con la propria opinione, convinzione, persuasione personale. Quindi non si sa se, effettivamente, il pastore ritroverà la fede in Dio. Sembra, però, che alla fine del manoscritto del film abbia vergato di suo pugno le parole *"Soli Deo Gloria"*[40], parte del più completo: *"soli Deo honor et gloria in saecula saeculorum"*, che fanno chiaramente intendere che Tomas avrebbe ritrovato la fede. Tesi del resto avallata da Vilgot Sjoman, autorevole e attendibile portavoce del cineasta. Ma tale prima sensazione viene smentita subito dopo da una intervista dello stesso regista, il quale sostenne al giornalista della rivista *Chaplin,* come *Luci d'inverno* avesse costituito l'annientamento completo del problema religioso nella sua vita e nella sua opera. In realtà il vero problema non è per il Maestro stabilire se la fede persa o mai trovata possa essere riconquistata, ma tracciare il percorso umano attraverso il quale essa viene persa, e/o possa essere ritrovata. L'obiettivo di Ingmar Bergman è di tracciare nel miglior modo cinematografico possibile i dubbi esistenziali delle persone, le crisi della loro coscienza, la tentazione insopprimibile di rifiutare la trascendenza, perché non compresa o incomprensibile. Ingmar Bergman non ambisce a raccontare la conquista della fede; ma solo a raccontare il difficile, impervio, incerto cammino che ogni uomo percorre cercando la fede. Insomma, il film è l'ennesima stimolazione bergmaniana alla speculazione filosofica sul significato dell'esistenza. Che, peraltro, continua a sfuggire. La critica ne fece e ne fa ancora una trilogia, insieme a (1960) e *Il*

---

40 Traduzione letterale: *Gloria a Dio solo.*

silenzio (1962). Sicuramente è il migliore dei tre. *"Ma nel libro* Diario con Ingmar Bergman *c'è un ragionamento che lascia trasparire un nesso tra* La fontana della vergine *("L'orrenda storia della ragazza stuprata e assassinata, dei violentatori e della vendetta") e* Come in uno specchio. *Vi si dice che ho progettato Luci d'inverno come passo finale di una trilogia che comprende i primi due film e quest'ultimo, il terzo.*[41]*"*

Sebbene anche gli altri due abbiano fornito molto materiale per dibattito tra cinefili nei mille cineforum degli anni settanta. Il titolo originale in svedese *(Nattvardsgästerna)* significa *I comunicandi.*

CURIOSITA'

Voglio mettere i lettori a parte di due succose curiosità.

Il finale del film derivò da un fatto singolare realmente accaduto. All'epoca del film, nei primissimi anni '60, in compagnia del padre settantacinquenne e claudicante, col quale voleva recuperare un minimo di rapporto filiale dopo i profondi dissidi giovanili e anche per farlo distrarre dalla malattia della madre, Ingmar Bergman si trovò a visitare per tutta la Svezia, una grande quantità di chiese di campagna, isolate e deserte. Finché non si trovò in una di esse posta a nord di Uppsala.

"Quando preparavo Luci d'inverno*, andai in giro*

---

41 Ingmar Bergman, *Immagini.*

nell'Uppland, durante il passaggio dall'inverno alla primavera, a visitare chiese. Nella maggior parte dei casi prendevo la chiave dal sagrestano e me ne stavo alcune ore nell'interno; vedevo la luce spostarsi e pensavo a come avrei potuto concepire la fine del mio film. Tutto era scritto e progettato, eccetto la fine. Una domenica, di mattina presto, telefonai a mio padre per chiedergli se aveva voglia di accompagnarmi a fare un giro. Mia madre giaceva all'ospedale in seguito al suo primo infarto e mio padre si era isolato. La condizione delle sue mani e dei suoi piedi era peggiorata, così dovette prendere il bastone e mettere gli stivaletti ortopedici. Con autodisciplina e forza di volontà fece la sua funzione a Slottsforsamlingen. Aveva settantacinque anni. Era un giorno nebuloso, tra l'inverno e la primavera, con una intensa luce sulla neva. Giungemmo presto alla piccola chiesa a nord di Uppsala. Negli stretti banchi c'erano già quattro fedeli. L'intendente e il custode bisbigliavano nella sala delle armi. Nella tribuna dell'organo la direttrice di musica stava mettendo a posto qualcosa. Lo scampanellio andava già estinguendosi sulla pianura, e il prete non si era ancora fatto vedere. Ci fu un lungo silenzio, in cielo e in terra. Mio padre si mosse inquieto e borbottò qualcosa. Dopo alcuni minuti si udì per la sdrucciolevole discesa il motore di un'automobile in corsa, una porta sbatté e il prete apparve ansimando nel passaggio dell'altare, si volse a guardare la comunità con occhi scerpellini. Era sottile, i capelli lunghi, la barba ben curata che nascondeva a mala pena il mento sfuggente. Oscillava con le braccia come uno sciatore e tossiva, sulla sommità del capo i capelli erano ondulati ed era rosso in fronte. Sono malato, *disse il prete.* Ho quasi trentotto di febbre, è un raffreddore. *Cercava partecipazione nei nostri sguardi.* Ho telefonato al parroco e lui mi ha concesso di dire messa in forma abbreviata. *Spariva così il servizio all'altare e anche la comunione.* Cantiamo un salmo, poi faccio una predica alla belle meglio, poi cantiamo un altro salmo, e questo può bastare. Ora devo andare immediatamente ad indossare la veste talare. *Fece un inchino e rimase alcuni istanti indeciso, quasi fosse in attesa di un applauso o, almeno, di un segno di approvazione. Visto che nessuno reagiva, sparì dietro una pesante porta. Mio padre cominciò ad alzarsi dal banco, era agitato.* Devo parlare con con quel figuro, diceva. Devi lasciarmi passare. *Uscì dal banco e zoppicando, appoggiandosi pesantemente al bastone, andò in sacrestia. Là ci fu una breve ma accesa conversazione. Dopo alcuni minuti apparve l'intendente, sorridendo con evidente imbarazzo. Chiarì che ci sarebbero stati sia il servizio all'altare che la comunione. Un collega più anziano sarebbe stato l'officiante ausiliare. L'organista e pochi presenti cantarono il salmo introduttivo. Alla fine del secondo versetto mio padre entrò solennemente con paramenti bianchi e bastone. Terminato il canto, si rivolse a noi dicendo con voce calma e libera:* Santo, Santo, Santo è il Signore Sebaot, tutta la terra è piena della sua gloria. *Da parte mia ottenni il finale di* Luci d'inverno *e la codificazione di una regola che ho sempre seguito e dovrei seguire in ogni istante. Nonostante tutto, devi mantenere la tua messa.*[42]*"*

L'altra curiosità riguarda l'ennesimo paradosso bergmaniano. In questo film, è costituito dal fatto che chi cerca Dio in *Luci d'inverno* è chi avrebbe dovuto trovarlo prima degli altri. A decretare il fallimento della fede, quindi della religione, è un sacerdote, Tomas. Esattamente come a decretare il fallimento della psicanalisi fu un grande psichiatra in *L'immagine allo specchio*[43] e lo scrittore David dichiarò, invece, il fallimento della poesia in *Come in uno specchio*[44].

CONCLUSIONE

Secondo alcuni, Ingmar Bergman racconta in *Luci d'inverno* la sterilità dell'ateismo.

Se Dostojevskj affermava che *"...dove non c'è Dio tutto diventa lecito"*; Ingmar Bergman ripete che se non si riesce a trovare o a ri-trovare Dio l'uomo annega nel *"...vuoto esistenziale."*

Ma nemmeno si può essere certi, come sostenuto da altri, che la fine del film segni indiscutibilmente la *"...fine della disperazione dell'uomo."*

Qualcuno ha sostenuto, a mio avviso con notevole pertinenza, che alla base del messaggio del film ci sia

---

42 Ingmar Bergman, *Immagini.*
43 *Ansikte mot ansikte*, 1975.
44 *Sasom i en spegel*, 1960

l'impossibilità di credere. E, contemporaneamente, la certezza che la filosofia non può soccorrere l'uomo nella ricerca della fede. Come peraltro già sostenuto ampiamente da Kierkegaard: *"La filosofia e il cristianesimo non si lasciano mai conciliare, in quanto la filosofia è pura attività umana e razionale, e quindi totalmente diversa dalla fede, che è un dono di Dio e come tale non ha nulla di umano. Inoltre fede e cristianesimo non sono entità intellettuali che riguardano la ragione ma fattori che sono concepibili per Kierkegaard solo in quanto esperienze vissute.*[45]*"*

Qualcuno ha anche trovato delle analogie tra il prete di *Luci d'inverno* e il protagonista del bunueliano *Nazarin*[46]: sostenendo che entrambi non servono a nulla: il primo a causa della sua fede perduta; l'altro, nonostante la sua fede incrollabile. Io penso che *Nazarin*, il prete povero, impersoni l'altra faccia della medaglia della fede: credere o non credere? Avere o non avere fede?

Bergman in *Luci d'inverno* mostra solo di avere meno certezze di Bunuel che, in *Nazarin*, mostra di essere convinto, nel profondo, come la parabola di Cristo non possa da sola bastare a cambiare il destino del mondo. La conclusione non è affatto confortante, perché, sull'argomento, entrambi non mi appaiono molto ottimisti.

Purtroppo.

---

45 G. Fornero, *I testi, filosofi e filosofie nella storia.*

46 Film del 1958, tratto dal romanzo (1895) di Benito Pérez Galdós. Trama: intorno al 1900 nel Messico feudale del dittatore Porfirio Diaz, Nazarin è un giovane sacerdote che vive povero tra i poveri, praticando fino all'eroismo la lezione evangelica.

NOTIZIE SUL FILM

Titolo originale	*Nattvardsgästerna*
Lingua originale	**Svedese**
Paese di produzione	Svezia
Anno	**1963**
Durata	81 min
Colore	B/N
Audio	sonoro (mono)
Rapporto	1,37: 1
Genere	drammatico
Regia	**Ingmar Bergman**
Soggetto	**Ingmar Bergman**
Sceneggiatura	**Ingmar Bergman**
Produttore	Allan Ekelund
Casa di produzione	Svensk Filmindustri
Fotografia	**Sven Nykvist**
Montaggio	Ulla Ryghe
Scenografia	P.A. Lundgren
Costumi	Mago

PERSONAGGI E INTERPRETI

Ingrid Thulin: Märta Lundberg,
insegnante
Gunnar Björnstrand: Tomas Ericsson,
pastore protestante
Gunnel Lindblom: Karin Persson
Max von Sydow: Jonas Persson, pescatore
Allan Edwall: Algot Frövik, sacrestano
Kolbjörn Knudsen: Knut Aronsson, guardiano
Olof Thunberg: Fredrik Blom, organista
Elsa Ebbesen: Magdalena Ledfors, vedova
Lars-Olof Andersson: ragazzo
Eddie Axberg: Johan Strand, scolaro
Tor Borong: Johan Åkerblom, agricoltore
Ingmari Hjort: figlia di Persson
Stefan Larsson: figlio di Persson
Christer Öhman: giovane
Johan Olafs: signore con il cavallo
Bertha Sånnell: Hanna Appelblad, il fornaio con figlia

IL SILENZIO

Un capolavoro di Ingmar Bergman

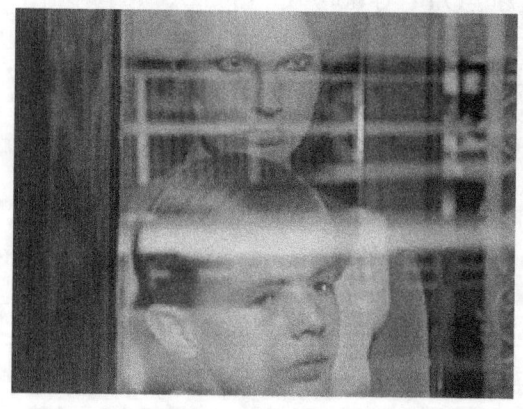

(1963)

(Titolo originale: *Tystnaden*

titolo in inglese: *The silence*)

*a tutti quelli che amano il silenzio e hanno amato ...*Il
silenzio.
(e che, probabilmente, sono le stesse persone)

Una frase

"Il silenzio *originariamente si chiamava Timoka. Avvenne per pura combinazione. Vidi la parola su un libro estone, senza sapere cosa significasse. Pensavo che fosse un bel nome per una città straniera. La parola significa:* appartenente al boia.[47]"

---

47 Ingmar Bergman, *Immagini*.

PROLOGO

Per alcune soluzioni e scelte artistiche e tecniche *Il silenzio* è un film che rappresenta una pietra miliare nella filmografia di Ingmar Bergman. Per l'uso del bianco e nero, ancora una volta folgorante, che il regista e Sven Nyqvist hanno saputo elaborare[48]. Per il ricorso frequente, nelle riprese, ai primi e ai primissimi piani. Per la quasi completa rinuncia ai dialoghi, punto di forza di tutti i film precedenti di Ingmar Bergman. Per la durezza del contenuto e per l'estrema audacia di certe scene, considerate, da alcuni, ai limiti della pornografia.

Terzo film della cd. *Trilogia religiosa* (o *di Dio*, o *del silenzio di Dio*) dopo *Come in uno specchio*[49] e *Luci d'inverno*[50]. Lo stesso Ingmar Bergman, che era solito suggerire l'analisi singolare dei suoi film, sembrò invece, accomunare questi tre nella classificazione che segue: *"Questi film trattano di una riduzione:* Come in uno specchio: (rappresenta, n.d.A.) *una certezza conquistata;* Luci d'inverno: (rappresenta, n.d.A.) *una certezza messa a nudo;* Il silenzio (che doveva chiamarsi *Il silenzio di Dio,* ma il titolo fu considerato dallo stesso autore: ...*"impossibile per un film"):* (rappresenta, n.d.A.) *la copia in negativo. Perciò* (i tre film, n.d.A.) *formano*

---

48 *"Forse a questo si riferisce Jacques Aumont, (ne L'occhio interminabile, Venezia, Marsilio, 1991) quando parla delle ...mille astuzie di cui danno prova un Bergman o un Tarkovsky per far vedere la luce divina in un film."*
49 Sasom i en spegel, 1960.
50 *Nattsvardgasterna,* 1962-'63.

una trilogia."

Lo stesso Ingmar Bergman smentì se stesso, successivamente, scrivendo nel suo libro-diario[51]: *"Scrissi queste cose nel maggio 1963. Oggi penso che l'idea della trilogia non abbia né capo né coda. Era una Schnapsidee, come dicono i bavaresi."*

Sul tema della incomunicabilità, rappresentata da una città straniera dove si parla una lingua incomprensibile, torna lo stesso regista: *"La città straniera era un motivo che mi seguiva da tempo. Prima de Il silenzio avevo scritto un film che rimase incompiuto. Raccontava di una coppia di acrobati che perdeva un partner e finiva congelata in una città tedesca, Hannover o Duisburg. Siamo alla fine della seconda guerra mondiale. Durante ripetuti bombardamenti i loro contatti vanno perduti. Quì si nasconde non solo Il silenzio ma anche L'uovo del serpente[52]. La perdita del partner si muove come un'ombra anche ne Il rito[53]. A voler guardare in profondità credo di poter dire che il motivo della città proviene originariamente da un racconto di Sigfrid Siwertz[54]. Nella raccolta Il circolo, del 1907, ci sono dei racconti che si svolgono a Berlino. Uno di essi, che s'intitola La tenebrosa dea della vittoria, deve aver colpito fortemente la mia giovane coscienza.[55]"*

---

51 Ingmar Bergman, *Immagini.*
52 *Ormens agg (The serpent's edge, 1976).*
53 *Riten, 1967.*
54 Scrittore svedese, nato e morto a Stoccolma (1882-1970).
55 Ingmar Bergman, *Immagini.*

SINOSSI E SCENEGGIATURA[56]

In uno scompartimento ferroviario viaggiano, di ritorno in patria, dopo un lungo viaggio di villeggiatura all'estero, due sorelle: Ester[57] ed Anna[58], e il figlio di questa, Johan[59] (ovviamente nipote della prima).

Il caldo è soffocante e procura un malore ad Anna, già gravemente malata. Si rende urgente la discesa dal treno alla prima stazione e una sosta in un albergo della città di Timoka, dove si parla una lingua incomprensibile, perfino per Anna che è una traduttrice.

ESTER: *Non è niente di grave. No, non voglio andare in ospedale, voglio solo riposarmi una giornata in albergo.*

Lasciata Ester ed il figlio in albergo, Anna si reca in un locale dove in un angolo vede due persone che fanno sesso pubblicamente e in modo disinibito.

...Anna sbadigliando osserva questi lazzi bizzarri e accende una sigaretta. Improvvisamente il suo interesse viene attratto dall'uomo e dalla donna. Ora riesce a vederli meglio, i suoi occhi si sono abituati all'oscurità. L'uomo è alto e magro, ha i capelli radi divisi da una scriminatura, le sopracciglia sono folte e si addensano

---

56 In questo libro i dialoghi tra i personaggi sono in corsivo, come pure la descrizione della scena. Tutto ciò che non è in corsivo è frutto della scrittura dell'autore.

57 Interpretata da Ingrid Thulin.

58 Interpretata da Gunnel Lindblom.

59 Interpretato da Jorgen Lindstrom, lo stesso che comparirà, qualche anno dopo, in alcune immagini del Prologo di *Persona* (1966).

sugli occhi, celandone l'espressione. La donna è piuttosto piccola di statura, ha un viso pallido e rotondo con grandi labbra sporgenti, capelli tinti, che cadono in ciuffi arruffati attorno alle orecchie e giù sulle spalle cadenti. L'uomo si è messo in ginocchio sul pavimento e le ha sollevato la blusa, scoprendole il seno piccolo e tondo; lei afferra le orecchie di lui e preme il viso dell'uomo contro il suo ventre. La donna poi si china in avanti, allunga le sue corte e grasse braccia verso l'inguine dell'uomo e inizia a sbottonargli i pantaloni, respira con affanno come se stesse compiendo un grande sforzo. I suoi capelli ossigenati cadono sul viso di entrambi. Con un movimento violento l'uomo si alza, abbraccia la donna che rimane completamente immobile, la solleva dalla sedia e si siede inclinato all'indietro mentre lei cerca brancolando l'orlo della gonna e la tira su contro il ventre, le sue cosce grasse biancheggiano nell'oscurità. Ora la donna si appoggia con violenza contro la transenna mentre le sue mani cercano insistentemente un appoggio sulle ginocchia di lui. Il viso dell'uomo è reclinato e il grande pomo d'Adamo si solleva come una nodosità che stia per fare esplodere la pelle sottile. Il riflesso della luce dello schermo balugina sui loro movimenti brancolanti e violenti. Anna, pigiata contro la parete, tiene gli occhi fissi sulla scena inconsueta. Ha una mano alzata con la sigaretta, il cui fumo si innalza attraverso il chiarore verso il soffitto nero. Dall'altoparlante si odono i discorsi incomprensibili del clown, di tanto in tanto intercalati da qualche brontolio e da qualche accordo. Anna si alza, le cade la sigaretta, cerca l'uscita a tentoni e si trova nello stretto e sudicio vestibolo dai manifesti vistosi e dalle sgargianti fotografie di stelle sconosciute. Si appoggia alla parete, le gira la testa e si sente il corpo pesante e affaticato. Qualcuno la osserva con indifferenza e lei si avvia verso la luce grigia e soffocante del pomeriggio. Svogliata e confusa segue il flusso dei pedoni verso il bar. Giunta in prossimità dei tavoli all'aperto si ferma a guardare intorno come in cerca di qualcosa. Il cameriere è fra i tavoli e conversa con un collega anziano. Dapprima sembra non accorgersi di lei, ma poi volta la testa e, pur continuando a parlare, la osserva.[60]

Anna, eccitata dalla scena alla quale ha assistito, si offre al barista che la guarda.

Quando il figlio di Anna, Johan rivela ad Ester che ha visto la madre baciarsi col cameriere, Ester ha un crollo.

ESTER: *Penso che dobbiate partire questa sera, c'è un treno fra qualche ora.*

ANNA: *E tu?*

ESTER: *Io resto.*

ANNA: *Non ti possiamo lasciare in questo stato.*

ESTER: *È meglio cosi. Voi avete bisogno di ritornare a casa. Ora in ogni caso, non ce la faccio a viaggiare, forse fra un paio di giorni.*

Silenzio. La musica vaga attraverso il crepuscolo. Johan manda un profondo sospiro.

ANNA: *Che musica è?*

---

60 Dalla sceneggiatura originale del film.

ESTER: *Bach. Johann Sebastian Bach.*
Anna si alza e si mette a passeggiare nella camera, è impaziente ma si controlla. Ester la segue con lo sguardo, infine non riesce più a frenarsi, si protende verso la radio e la spegne. Silenzio ostile. Anna cerca la borsetta e i guanti.
ANNA: *Esco un momento.*
Nessuna risposta.
ANNA: (più impaurita) *Oggi fa anche così caldo. Tu sai, io non sopporto... Nessuna risposta. Anna si avvia verso la porta, mette la mano sulla maniglia. Johan la guarda meravigliato.*
ANNA: *Ritorno subito.*
Johan annuisce ma ha l'aspetto triste.
ANNA: *Ti darò dei bei soldini se fai compagnia a Ester. Le puoi leggere qualcosa ad alta voce.*
ESTER: *Vattene ora, altrimenti ti metti a gridare per il rimorso.* (Pausa). *Vattene subito.*
Anna butta la borsetta sulla sedia, entra nella camera e si siede sul letto, dirimpetto a Ester, si strofina con le dita il collo e il mento.
ANNA: *Tu, credi tu di avere un senso? Cioè che sia importante quello che tu fai e quello che tu dici?*
Ester si guarda le gambe e scrolla le spalle.
ANNA: *Chi ti ha dato questa illusione che devi essere tu a decidere?*
ESTER: (freddamente) *Non riesci a cavartela da sola.*
ANNA: *Tu credi di poter decidere di me precisamente come nostro padre, ma ti sbagli.*
Ester tace.

ANNA: *Tu credi che io sia stupida? Eh?*

ESTER: (sorride) *Io non credo che tu sia stupida.*

Ester si appoggia all'indietro sulla scomoda sedia e stira le braccia al di sopra della testa toccando la parete con le dita. Anna si rivolge al figlio, il suo tono di voce è cambiato.

ANNA: *Puoi andare nell'altra camera un momento e chiudere la porta in modo che io possa parlare da sola con Ester?*

Johan si alza profondamente turbato, rimane incerto.

JOHAN: *Non dovevo leggere ad alta voce per Ester?*

ANNA: *Fra poco.*

JOHAN: *Vado per un momento nel corridoio.*

ANNA: *Sì, ma non andare troppo lontano. Johan guarda la madre col viso amareggiato. No, non andrà troppo lontano, deve rimanere nelle vicinanze, nel caso che lei volesse chiamarlo. Ma ora non vuole saperne di lui, lui deve scomparire di colpo. E così succede. Le due donne restano sole nella penombra, che ben presto diventa oscurità. La luce dalla strada forma grosse ombre sul soffitto e sulle pareti. La camera diventa come un acquario. Ester si è versata del cognac e lo sorseggia lentamente.*

ESTER: *Dove sei stata tutto il pomeriggio?*

ANNA: *Ho passeggiato per la città.*

ESTER: *Dove sei andata?*

ANNA: *Qui vicino.*

ESTER: *È stata una lunga passeggiata.*

ANNA: *Non volevo ritornare all'albergo.*

ESTER: *Perché non lo volevi?*

ANNA: *Non ne avevo voglia.*
ESTER: *Tu menti.*
ANNA: *Non ha importanza.*
ESTER: *Che cosa hai fatto?*
ANNA: *Se non lo capisci da te, allora sei stupida.*
Ester resta in silenzio per alcuni momenti, fuma una sigaretta, guarda fuori della finestra, sorride sprezzante.
ESTER: *Dove hai trovato quell'uomo?*
ANNA: *Al bar, dall'altra parte della strada.*
Anna guarda la sorella con un sorriso.
ANNA: *Devo raccontare i dettagli?*
ESTER: *Rispondi alle mie domande.*
ANNA: *Ti ricordi dieci anni fa, quell'inverno in cui abitavamo a Lione con nostro padre? E io ero andata a letto con Claude? Ti ricordi che tu mi interrogasti allo stesso modo anche quella volta? E che mi graffiasti al braccio e minacciasti di dirlo a nostro padre? Se io non raccontavo tutto nei dettagli?*
Ester è tormentata.
ANNA: *Sono andata in un cinema e mi sono seduta in un palco nella parte posteriore della sala. Là c'erano un uomo e una donna che hanno incominciato a fare l'amore proprio davanti a me. Quando hanno terminato, sono usciti dal locale. Dopo un momento è venuto il ragazzo del bar, si è messo a sedere vicino a me e ha cominciato ad accarezzarmi le cosce. Dopo abbiamo fatto l'amore sul pavimento. Per questa ragione mi sono sporcata il vestito.*
ESTER: *È vero quello che dici?*
ANNA: *Perché dovrei mentire?*
ESTER: (sordamente) *Già, perché dovresti mentire?*

ANNA: *Anche se ora ti ho in parte mentito.*
ESTER: *Non importa.*
Ester si è sprofondata in una grigia spossatezza con una smorfia tormentata.
ANNA: *Ho guardato quella coppia che faceva l'amore, poi sono uscita di là e sono andata nel bar, poi il ragazzo mi ha seguita, ma non sapevamo precisamente dove andare e così siamo entrati in chiesa e là abbiamo fatto l'amore in un angolo oscuro, dietro due grosse colonne. A ogni modo non faceva caldo.*
ESTER: (dopo una pausa) *Vi incontrerete ancora?*
ANNA: *Dovevo andare da lui ora quando tu hai cominciato a parlare. Mi aspetta.*
ESTER: *Capisco.*
ANNA: *Devo fare in modo di avere il tempo di togliermi i vestiti questa volta.*
Ester è seduta vicino alla lampada della scrivania con il viso voltato dall'altra parte e con le spalle alzate. Accende e spegne.
ESTER: *Perché ci dobbiamo tormentare?*
ANNA: *Tu non mi tormenti.*
Ester si gira e Anna vede le guance gonfie e arrossate della sorella, gli scuri occhi imbambolati, la bocca aperta e tremante.
ANNA: *Non devi coricarti?*
ESTER: (stanca) *Sì, certo.*
Sdraiata sul letto trattiene Anna con le braccia magre e forti, preme la sua bocca febbricitante contro il suo collo. Anna si libera.
ESTER: *Siediti accanto a me sul bordo del letto.*

Anna scuote la testa.
ESTER: *Solo per un istante.*
Anna prende la borsetta dalla sedia e si siede ai piedi del letto, in attesa.
ANNA: *Allora?*
ESTER: *Lo devi incontrare?*
Anna fa cenno di sì col capo.
ESTER: *Non puoi fare a meno di incontrarlo. Solo per questa sera?*
Anna tace.
ESTER: *Questo mi tormenta.*
ANNA: *Perché?*
ESTER: *Perché... Perché mi sento umiliata. Tu non devi credere che io sia gelosa.*
Le ultime parole in un sussurro, lo sguardo spalancato con la mano che cerca brancolante la mano di Anna.
ANNA: *Ora devo andare.*

Anna decide di proseguire il viaggio, abbandonando la sorella alla malattia e, forse, alla morte. Ha appena terminato di fare le valige. Johan siede sul pavimento con il suo libro.

ANNA: *Johan e io usciamo e andiamo qui accanto a mangiare un boccone.*
Ester fa cenno con la testa senza rispondere.
ANNA: *Dopo pago il mio conto e quello di Johan.*
Ester chiude gli occhi.
ANNA: *Partiamo con il treno delle due.*
Ester fa cenno con la testa.

ANNA: *Al più presto possibile arriverà un medico. Non so, non capisco una parola ma sembra che...*
ESTER: *Grazie.*
ANNA: (tormentata) *Fa un caldo terribile.*
Sottili gocce di sudore le imperlano le guance e il labbro superiore.
ESTER: *Che profumo ti sei messa?*
ANNA: *Quello che mi hai regalato.*
ESTER: *Non devi usarne molto quando fa caldo.*
Anna va nella camera attigua, dice qualcosa a Johan che chiude subito il libro. È già vestito per il viaggio e si tira su i calzettoni.
JOHAN: *Arrivederci, allora. Sarò presto di ritorno.*
ESTER: *Arrivederci.*
Anna e Johan parlano a bassa voce vicino alla finestra, poi escono nel corridoio e chiudono a chiave la loro camera.
Anna e Johan hanno raggiunto la stazione ferroviaria e sono saliti sul loro treno.
Anna e Johan sono soli nello scompartimento. Siedono nel proprio angolo senza scambiarsi parola. Lei ha un libro sulle ginocchia ma non legge. Lui ha tirato fuori la lettera di Ester e la sta esaminando.

ANNA: *Che cos'è?*
JOHAN: *Ester mi ha scritto una lettera.*
ANNA: (sospettosa) *Una lettera? Fammi vedere.*
Johan le porge controvoglia la carta spiegazzata con le incomprensibili parole straniere. Anna si stringe nelle spalle, la restituisce al figlio. Lui la prende e legge

bisbigliando. Si fa sempre più scuro e la pioggia sferza i finestrini. Anna ne apre uno e lascia che l'acqua le spruzzi le mani e il viso.

Il viso di Johan è pallido per lo sforzo di capire questa lingua straniera. Questo messaggio segreto.

Nelle mani di Johan appare la lettera scritta dalla zia sulla quale c'è scritto: *"Per Johan"*.

E il bambino vi legge la parola sconosciuta: *Hadjek*. Che vuol dire anima, parola ricorrente nella filmografia di Bergman sotto la diversa forma di: *Alma*.

Diverse figure femminili si chiamano Alma[61] e sono le protagoniste nei film di Ingmar Bergman. Le più famose ed importanti sono due: l'Alma del film *Persona*[62] (l'infermiera, brava e bella interpretata da Bibi Andersson), l'altra Alma di cognome Borg (Liv Ullman che interpreta la moglie del pittore Johan Borg- Max von Sydow) ne *L'ora del lupo*[63].

Ma *alma,* soprattutto, *"può avere un duplice etimo: può derivare dal sostantivo latino* anima, *oppure dall'aggettivo* alma*: chi alimenta, chi nutre.*[64]*"*

61 *"Nome insolito e nobile"* come dice un ospite del castello nel film *L'ora del lupo,* 1966.
62 *Persona,* 1966.
63 *Vargtimmen,* 1966.
64 Giovanni Invitto, *Tempi del cinema, tempi nel cinema. Tra filosofia e psicoanalisi.*

RECENSIONE

Molteplici, come sempre quando ci si appresta ad analizzare un'opera del Maestro, gli spunti di riflessione offerti dal film. Esso si presta, come al solito, trattandosi di un'opera tra le più complesse di Bergman, a diverse chiavi di lettura. Quella che io personalmente prediligo è la chiave autobiografica. Ingmar Bergman, come accade spesso con le sue opere si appresta a una vera seduta di auto-psico-analisi. Le due protagoniste del film Anna ed Ester[65] incarnano due diversi tipi di donna; due caratteri contrapposti che potrebbero essere contenuti in un'unica figura femminile, in pratica due essenze femminine. Anna è la donna sensuale, corporale, fisica, ama il sesso, quasi ai limiti della ninfomania. Ester è la donna lucida mentalmente ed intellettualmente, che domina i suoi istinti basici, ma è malata, sofferente, cagionevole.

I caratteri contrapposti delle due donne, sembrano confluire nell'unica, complessa personalità del regista. A loro volta incarnano il femminino del Maestro: lucido ma sofferente; psicologicamente vivo ma fisicamente provato; intollerante all'autorità ma eticamente saldo; casto e libertino al contempo; contenitore di grosse contraddizioni.

Come al solito, trattandosi di un'opera di Ingmar Bergman, il film fu accolto all'epoca della prima uscita da pareri

---

65 Interpretate rispettivamente da Gunnel Lindblom ed Ingrid Thulin: non a caso due tra i più fulgidi esempi di attrice bergmaniana.

alternanti e critiche contrastanti. Chi gridò fin da subito al capolavoro, apprezzando ed elogiando lo stile potente, rigido, austero, rigoroso del racconto. Chi gridò allo scandalo, per via di alcune scene molto audaci per gli standard dell'epoca. Ed in effetti il film incontrò seri problemi per l'ottenimento dei visti dalla commissione censura. Ci fu pure chi lo accolse con delusione. Perché si aspettava che Ingmar Bergman avesse fornito un passo avanti nella ricerca di Dio ma, invece, dovette ricredersi. Aveva solo fornito, probabilmente, un passo avanti nello studio del problema della incomunicabilità umana.

Chi lo stroncò additandone gli *"eccessi espressivi"* e stigmatizzandone gli *"urli espressionistici"*. Come li definì, apertamente, Mario Verdone, che definì Ingmar Bergman... *"un teppista nei confronti degli spettatori, un maleducato come chi al ristorante rutta, un caso patologico come i suoi personaggi* [66].

Chi, addirittura, inscenò delle proteste pittoresche ancorché anonime: *"Dopo l'uscita de* Il silenzio *ricevetti una lettera anonima, piena di carta igienica sporca; potete immaginare dunque come il film, che per gli standard odierni sembra piuttosto innocuo, fu ritenuto molto ardito. Ci furono persino delle persone che mi telefonarono minacciando la mia vita e quella di colei che era mia moglie a quel tempo.* [67] *"*

Oltre alle polemiche e alle accuse di pornografia, il film ebbe anche problemi di censura che riguardarono in

66 Mario Verdone, *Il silenzio, in Bianco e nero.*
67 Ingmar Bergman, *Immagini.*

particolare due scene alquanto spinte: *"Si tratta di una scena hard per Anna che viene recitata insieme a Birger Malmsten (un "congresso carnale" appassionato e tormentato). L'altra riguarda l'inizio di un atto auto-erotico da parte di Ester. E' facile immaginare gli interventi censori (che sono avvenuti) tanto in Svezia quanto in Italia.*[68]*"*

Ingmar Bergman, caso abbastanza strano, stavolta non da eccessivi indizi sul film, né sulle diverse chiavi interpretative: *"Tocca, dunque, agli spettatori del film riflettere sulle tante metafore di* Il silenzio. *Timoka come luogo dove gli individui vagano senza meta, senza parlarsi e dove nelle vie appaiono carri armati pronti alla guerra.*[69]*"* Qualche critico, a tale proposito, ha rinvenuto in questo film l'affioramento dei prodromi di una certa posizione anti-bellica che Ingmar Bergman cominciava a fare sua e che riprese compiutamente nel suo *La vergogna* [70] che viene considerato, e a ragione, la sua personale presa di posizione pubblica contro tutte le guerre e il suo personale e definitivo manifesto anti-bellico.

In realtà Ingmar Bergman sembra affermare, attraverso i dialoghi del film che chi si allontana da Dio, chi abbandona la fede, chi perde i suoi valori spirituali si abbandona al vizio, al peccato e all'egoismo. Ma non si può certo affermare che faccia, né tanto meno che voglia farlo lungo, un discorso su Dio.[71]

---

68 Claudio Papini, *Ben ritrovato, Ernst Ingmar!*
69 Aldo Garzia, *Bergman, The Genius.*
70 *Skammen,* 1967.
71 *"Il film* - confidò Bergman a Sjöman prima di cominciare le riprese - *si*

In effetti, Dio è citato, nel film, direttamente o indirettamente, solo tre volte.

- Quando Ester ricorda con un monologo la morte del padre. *"Ora è l'eternità"* le disse l'uomo guardandola negli occhi.

- Nella preghiera di Ester: *"Mio Dio fate che arrivi a casa prima di morire"*.

- Con la parola Hadjek (anima) che il bambino Johan legge sull'appunto datogli dalla zia Ester, prima che lui e la madre ripartano.

Ma che significa Timoka, cosa rappresenta? Timoka è la metafora del Mondo. Il suo mistero e la sua incomprensibilità. E' la proiezione fisica di un posto popolato da una umanità avvilita[72], che non può o non vole comunicare, ed è avviato all'isolamento e alla guerra, come unica soluzione delle controversie. Di qui i nemmeno tanto allusi riferimenti agli strumenti bellici.

Di qui anche l'uso di una lingua incomprensibile. Che prelude alla negazione del rapporto dialogico. E, che, paradossalmente, non può essere capita nemmeno dalla donna, Anna, che professionalmente fa l'interprete.

L'altoparlante incomincia a strepitare dal fondo del

---

farà l'eco del tumulto che si produce tra il corpo e l'anima quando Dio è assente» (Vilgot Sjöman, Journal des communiants)

72 *"Venendo dopo* Luci d'inverno, *il film è la dolorosa presa di coscienza che un umanesimo senza Dio è impossibile* - scrive il gesuita Luigi Bini - *L'umanità imputridisce nella morte e nella lussuria quando è abbandonata dall'anima, cioè dai valori dello spirito."*

corridoio, ed una voce dice rapidamente ma chiaramente:
TIMOKAN RETJE FEL SIS TIMOKAN RETJE FEL SIS.[73]

E così ci ritroviamo anche davanti al solito, ricorrente paradosso di Ingmar Bergman della professionalità irrisa e derisa.

"Ester, che è una traduttrice, non riesce a capire la lingua parlata nella città. Una persona che ha come missione quella di aiutare gli altri a comunicare tra loro diviene vittima dell'incomunicabilità. Muore sola, tra gente che non è in grado neppure di capire quello che dice.[74]*"*

Altro esempio, dopo quello, ben più esplicito, riscontrato ne *Il volto*[75]. Nel quale il dottor Vergerus (interpretato da Erland Josephson) viene irriso e deriso dal Mago Emanuel Vogler (interpretato da Max von Sidow).

E ancora altri esempi si riscontrano in *Luci d'inverno*[76], dove chi cerca Dio, dopo aver perso la fede, è la stessa persona che avrebbe dovuto trovarlo prima degli altri: a decretare il fallimento della fede, quindi della religione, è un sacerdote protestante, Tomas. Esattamente come a decretare il fallimento della psicanalisi fu un grande psichiatra in *L'immagine allo specchio*[77] e lo scrittore David dichiarò, invece, il fallimento della poesia in *Come in uno specchio*[78].

---

73 Dalla sceneggiatura originale del film.
74 Sergio Trasatti, *Ingmar Bergman.*
75 *Ansiktet,* 1958.
76 *Nattsvardgasterna,* 1961-62.
77 *Ansikte mot ansikte,* 1975.
78 *Sasom i en spegel,* 1960

L'idea di una città misteriosa e sconosciuta, dove si parla una lingua incomprensibile deriva a Ingmar Bergman da una raccolta di racconti dello scrittore Sigfried Siwertz, letti da bambino. Si chiamava *Il circolo* del 1097; mentre il racconto ispiratore s'intitolava *La tenebrosa dea della vittoria*.

Ma anche Stoccolma, vista da Ingmar Bergman con occhi da bambino contiene molti spunti curiosi sui quali si fonda l'immagine e la costruzione della misteriosa città di Timoka.

Lo stesso Maestro racconta nel suo libro-diario *Immagini* quando da bambino passeggiava nel quartiere di Birger-Jarl, dove si aprivano sulla strada tanti curiosi negozietti nelle cui vetrine si divertiva a cogliere espliciti o nascosti riferimenti erotici: protesi; busti; pompette uterine e stampati vagamente pornografici.

"Ne Il silenzio *io e* Sven *(Nyqvist, direttore della fotografia, n.d.A.) avevamo deciso di essere spudoratamente impudichi. Là c'era una lussuria cinematografica che ricordo con gioia. Era semplicemente divertente, in modo pazzesco, fare* Il silenzio. *Inoltre le attrici erano dotate, disciplinate e quasi sempre di buon umore. Che* Il silenzio, *in certo qual senso, sia diventato la loro disgrazia, questa è un'altra storia. Il film fece sì che i loro nomi divenissero internazionalmente noti. E l'estero, come al solito, si degnò di fraintendere la peculiarità del loro talento."*

Infine, la musica. Nel film l'unica parola sulla quale pare

stringersi il cerchio della comunicativa: la parola Bach. Che, come allude nella scena in cui Anna incontra il cameriere è l'unica scritta allo stesso modo in tutte le lingue.

Compare uno strillone con sotto il braccio il pacco dei giornali; Anna ne acquista uno e dà un'occhiata distratta ai titoli incomprensibili. Si sofferma a esaminare un annuncio sul quale è scritto a grandi caratteri J. S. BACH.

Ed è anche la parola alla quale Ingmar Bergman pare attribuire una funzione salvifica, quando fa scrivere nel diario di Ester: *"Abbiamo ascoltato BACH. Un momento di pace. Non avevo paura di morire."*

CURIOSITA'

Infine, voglio chiudere questo saggio monografico citando alcune piccole curiosità sul film.

Lo stile dell'immagine in *Il silenzio*, in *Come in uno specchio* e in *Luci d'inverno* è austero, per non dire casto. I movimenti di macchina pochi, corti, essenziali. Tipici di un certo stile di cinema da camera bergmaniano[79].

Un agente di distribuzione americano, un po' sprovveduto ma anche un po' invadente, un giorno domandò al Maestro, con voce disperata: *"Ingmar, why don't you move*

---

79 *Kammerspielfilm.*

your camera anymore?[80]"

L'altra curiosità riguarda un gustoso quanto pruriginoso aneddoto avvenuto sul set del film e si riferisce alle preziose mutandine che Gunnel Lindblom non volle togliersi.

Durante una delle scene *hot* del film... *"Bergman voleva che Gunnel Lindblom ad un certo punto recitasse priva di mutandine. La bella Gunnel per pudicizia sua e perché tenuta d'occhio da un fidanzato geloso, oppose un netto rifiuto e non cambiò idea nonostante la rimarchevole incavolatura del regista, che asserisce poi, la sospettosa attrice (forse, a ragione) deve essersela legata al dito.*[81]"

Si è detto in altra parte del libro come Ingmar Bergman ricavò delle idee per il suo film da un racconto dello scrittore svedese Sigfrid Siwertz, a tale proposito scrive ironico il regista: *"...Quel racconto diventò lo stimolo a un sogno ricorrente: mi trovo in una grande città straniera. Sono in cammino verso una parte della città dove c'è il proibito. Non si tratta soltanto di loschi quartieri di piacere, ma di peggio. Là sono le stesse leggi della realtà e le regole della vita sociale ad essere abolite. Tutto può succedere e tutto succede. Ho fatto questo sogno più e più volte. La cosa irritante era che io ero in cammino verso il proibito, ma non ci arrivavo mai. Mi capitava sempre di svegliarmi o di cambiare sogno.*[82]"

---

80 Ingmar Bergman, *Immagini.*
81 Raccontata da Claudio Papini nella nota n.249 a pagina 132 del libro citato in bibliografia.
82 Ingmar Bergman, *Immagini.*

Infine un commento, con interpretazione autentica, del regista sul suo film, a distanza di qualche tempo: "*Quando oggi rivedo* Il silenzio, *devo ammettere che in qualche parte risente di una certa letterarietà ... Per il resto non ho alcuna recriminazione da fare.*[83]"

---

83 Ingmar Bergman, *Immagini.*

NOTIZIE SUL FILM

Titolo originale	*Tystnaden*
Lingua originale	Svedese
Paese di produzione	Svezia
Anno	1963
Durata	96 minuti
Colore	B/N
Audio	sonoro (mono)
Rapporto	1,37 : 1
Genere	drammatico
Regia	Ingmar Bergman
Soggetto	Ingmar Bergman
Sceneggiatura	Ingmar Bergman
Produttore	Allan Ekelund
Casa di produzione	Svensk Filmindustri (SF)
Fotografia	Sven Nykvist
Montaggio	Ulla Ryghe
Musiche	Ivan Renliden
Scenografia	P. A. Lundgren
Costumi	Marik Vos-Lundh (come Marik Vos) Bertha Sånnell
Trucco	Börje Lundh-Gullan Westfelt

PERSONAGGI E INTERPRETI

Ingrid Thulin Ester
Gunnel Lindblom Anna
Birger Malmsten il barista
Håkan Jahnberg il maître dell'albergo
Jörgen Lindström Johan
Lissi Alandh la donna del varietà
Karl-Arne Bergman il ragazzo che distribuisce i giornali
Leif Forstenberg l'uomo del varietà
Eduardo Gutiérrez impresario dei nani
Eskil Kalling proprietario del bar
Birger Lensander portinaio
Kristina Olausson Anna
(controfigura di Gunnel Lindblom)
Nils Waldt cassiere
Olof Widgren un vecchio

BIBLIOGRAFIA

Ingmar Bergman, *Immagini.*

Ingmar Bergman, *Lanterna magica.*

Sergio Trasatti, *Ingmar Bergman.*

Aldo Garzia, *Bergman, The Genius.*

Claudio Papini, *Ben ritrovato, Ernst Ingmar!*

Mario Verdone, *Il silenzio, in Bianco e nero.*

Giovanni Invitto, *Tempi del cinema, tempi nel cinema. Tra filosofia e psicoanalisi.*

G. Fornero, *I testi, filosofi e filosofie nella storia.*

Arthur Schopenhauer, *Il mondo come volontà e rappresentazione.*

O. Assayas-S. Bjorkman, *Conversazione con Ingmar Bergman.*

Soren Kierkegaard, *Enten,-Eller.*

Jacques Mandelbaum, *Ingmar Bergman, I maestri del cinema, Cahiers du cinema.*

INDICE

85